잠언 원고지형 따라쓰기(증보판)

1. 시작일 : 년 월 일

2. 목표일 : 년 월 일

3. 종료일 : 년 월 일

잠언 따라쓰기(증보판)

초판1쇄 발행 2014. 1. 10.
증보1쇄 발행 2014. 4. 30.
증보2쇄 발행 2015. 3. 30.

펴낸이 박진하
교 정 목윤희 전정숙
편 집 김언정 이문숙 이지현
디자인 신형기
펴낸곳 홈앤에듀
신고번호 제 379-2510020110000011호
주 소 경기도 성남시 수정구 복정동 639-3 정주빌딩 B1
전 화 050-5504-5404
홈페이지 홈앤에듀 http://www.homenedu.com
패밀리 홈스쿨지원센터 http://homeschoolcenter.co.kr
아임홈스쿨러 http://www.imh.kr
아임홈스쿨러몰 http://www.imhmall.com
E-mail homenedu@naver.com

ISBN 978-89-967112-3-0 03230
값 13,500원

원고지형

잠언 따라쓰기

증보판

속뜻단어풀이
성경읽기표 제공

홈앤에듀

지혜의 말씀 잠언을 눈으로 읽고 따라쓰며 마음에 새겨보는 시간을 매일 가져보세요.

잠언따라쓰기를 꾸준히 하면 어떤 유익이 있을까요?

1. 매일 매일 하나님의 말씀을 읽고, 쓰고, 묵상하는 시간을 가짐으로 말씀의 의미를 더 깊이 알 수 있습니다.
2. 바른 글씨를 쓰는 데 도움이 됩니다.
3. 맞춤법 연습에 도움이 됩니다.
4. 속뜻단어풀이를 통해 어휘력을 증진시킬 수 있습니다.(속뜻, 한자, 영어)
5. 원고지형이기에 띄어쓰기에 대해 확실하게 인지할 수 있습니다.
6. 원고지 쓰는 방법을 자연스럽게 익힐 수 있습니다.

잠언따라쓰기를 이렇게 이용하세요.

1. 기도로 먼저 시작하세요.
   - 하나님의 말씀을 눈으로 읽고, 입으로 말하며 필사할 때 깊이 깨달아 알 수 있도록 성령의 도우심을 구하세요.
2. 매일 매일 쓰세요.
   - 몸에 좋은 보약도 매일 먹어야 효과를 보듯 영의 양식인 말씀 또한 매일 읽고 쓸 때 더욱 유익합니다.
3. 하단의 속뜻단어풀이를 살펴보세요.
   - 아는 단어라 할지라도 속뜻을 알면 그 뜻이 더욱 명쾌해집니다.
4. 하루 분량을 마친 후에는 천천히 묵상하는 마음으로 읽어보세요.
   - 쓰는 것 보다 쓰고 난 이후 천천히 여러 번 말씀을 되뇌이며 묵상함이 더 중요합니다. 말씀 가운데 주시는 은혜와 깨달음을 사모하세요.
5. 각 장의 마지막 묵상노트에는 읽고 쓰면서 느낀 점이나 기억하고 싶은 혹은 암송하고 싶은 주요 구절을 적어 놓으세요.
   - 시간이 지나 당시를 기억하며 다시 읽어보는 것도 좋습니다.
6. 기도로 마무리하세요.
   - 읽고 쓰고 묵상하면서 깨달은 내용으로 죄를 고백하며 하나님의 은혜에 감사하는 기도를 하세요.

속뜻단어풀이 이렇게 제작되었습니다.

- 본 잠언따라쓰기에는 쪽마다 보통 2단어씩 총 521회 단어풀이가 제공됩니다. 이중 80단어는 중복하여 제공되므로 총 441단어의 속뜻단어풀이가 제공됩니다.
- 속뜻단어풀이는 LBH교육출판사의 허가 하에 베스트셀러인 〈초중교과 속뜻학습 국어사전〉과 〈우리말 한자어 속뜻사전〉의 단어풀이를 인용하였으며 없는 단어는 다른 사전을 참조하였고 몇몇 단어는 성경사전의 뜻을 추가하기도 하였습니다. (재인용을 금지합니다.)

심 尊敬心 | 마음 심
받들어 공경하는[尊敬] 마음[心]. ¶신
님에 대한 존경심.
존귀 尊貴 | 높을 존, 귀할 귀
[be high and noble]
지위나 신분이 높고[尊] 귀(貴)함. ¶이 세상 사람들은 모두 존귀하다. ⓑ비천(卑賤).
존대 尊待 | 높을 존, 대접할 대
[treat with respect]
❶ 속뜻 높이[尊] 받들어 대접(待接)함. ❷ 존경하는 말투로 대함. ¶그는 항상 나를 깍듯이 존대했다. ⓑ하대(下待).
존댓-말 (尊待—, 높을 존, 대접할 대)
[honorific language]
높이[尊] 받들어 대접(待接)

한자 훈음 = 힌트(속뜻) ➡ 저절로 기억

▶ Learning by **Hint** : **힌트** 활용 학습

※ Learning by **Heart** ('기억하다')
→ **가슴**으로 공부하기

속뜻단어풀이란?

우리말의 70% 이상을 차지하는 한자어는 각 한자에서 힌트를 찾아내어 어휘의 속뜻을 이해하면 쉽습니다. 본 도서에서 인용한 〈초중교과 속뜻학습 국어사전〉에서는 어휘의 속뜻풀이를 통해 아이들의 이해력과 사고력을 높이도록 하고 있습니다. 또한 단어마다 해당 영어어휘가 병기되어 일석삼조의 효과를 줍니다.

잠언의 명칭

– 히브리어 : 미쉴레쉐로모
– 헬라어 : 파로이미아이 살로몬토스
– 번역 : 솔로몬 왕의 잠언들

잠언의 저자와 저작연대

잠언의 저자는 대표적으로 솔로몬 왕이지만, 여러 명의 저자(아굴, 르무엘 왕의 어머니)와 그 외 편집자를 통해서 완성된 책이다.
솔로몬 왕의 재위기간이 B.C. 971 – 931년인 점을 미루어 볼 때 10세기에 기록된 것으로 추정하며 기록, 편집 연대는 알 수 없다.

잠언은 어떤 책인가?

히브리어 "마샬"에서 번역된 잠언은 "경계의 말씀"이란 뜻을 지닌다. 원어 "마샬"은 비교를 통해 어떤 사물의 속성을 나타내는 의미를 지니고 있다. 잠언은 지혜와 어리석음, 의인과 악인, 생명과 죽음 등 지극히 대조적인 것들을 대비시킴으로써 무엇이 진리인가를 뚜렷이 보여주는 경구의 말씀으로 격언, 속담과 비슷한 것이다. 잠언은 많은 말 대신 지혜로운 원리들을 짧은 문장으로 기록하여 읽는 이들을 가르친다.
잠언이라는 책 이름은 히브리 성경의 첫 낱말인 "솔로몬의 잠언"이란 말에서 유래되었다.

잠언의 기록목적

잠언은 하나님을 경외하는 삶이 어떤 것인지에 대하여 실례를 통해 구체적으로 설명해 주고 있다. 목적으로 다음과 같은 5가지를 제시하고 있다.
① 지혜와 훈계를 알게 한다.
② 명철의 말씀을 깨닫게 한다.
③ 지혜롭게, 의롭게, 공평하게, 정직하게 행할 일에 대하여 훈계를 받게 한다.
④ 어리석은 자를 슬기롭게 한다.
⑤ 잠언과 비유와 지혜 있는 자의 말과 그 오묘한 말을 깨닫게 한다.

잠언의 내용

① 잠언은 지혜로운 삶(경건한 삶)을 강조한다. 하나님의 보시기에 지혜로운 자는 경건하고 의로운 자이며, 어리석은 자는 악하고 불의한 사람이다. 잠언은 이러한 두 가지 삶의 특징과 결과를 반복해서 언급하고 있다.
② 잠언은 인간의 정서와 태도, 인간관계, 도시의 삶과 시골 생활, 사업윤리, 사교, 사회정의, 가족관계, 도덕적 표준들 그리고 마음가짐과 동기 등 매우 다양한 주제들을 다루고 있다. 잠언은 현실 세계를 주로 다루고 사후의 세계에 대해서는 거의 말하지 않는다. 잠언은 살아 있을 때에 경건한 삶에 대해 보상과 불의한 삶의 대가를 받는 문제에 대해 주로 말하고 있다.
③ 잠언은 하나님에 초점을 두고 있다. 잠언은 하나님의 본성(주권, 신실, 거룩, 전지, 전능, 정의 등), 하나님의 사역과 축복에 대해 언급하고 있다.
④ 잠언은 인간과 하나님과의 관계를 강조한다. 사람은 누구든지 하나님을 경외하고 신뢰할 때에만 경건하고 지혜로운 삶을 살 수 있다는 것을 말하고 있다. 그러면서 잠언은 하나님과의 바른 관계, 또한 다른 사람들과의 올바른 관계를 강조한다.

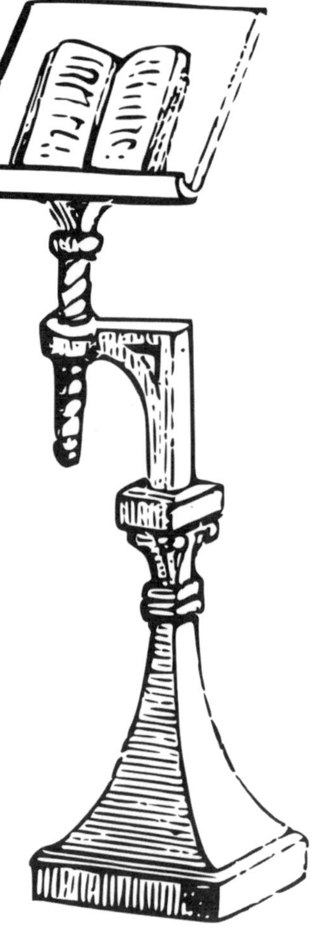

잠언 1장

[솔로몬의 잠언]

1절 다윗의 아들 이스라엘 왕 솔로몬의 잠언이라.

2절 이는 지혜와 훈계를 알게 하며 명철의 말씀을 깨닫게 하며

3절 지혜롭게, 의롭게, 공평하게, 정직하게 행할 일에 대하여 훈계를 받게 하며

4절 어리석은 자로 슬기롭게 하며

속뜻단어 풀이
- **공평** 公平 | 공정할 공, 평평할 평[fair; impartial] : 공정(公正)하여 어느 한쪽으로 치우치지 아니함[平].
- **명철** 明哲 | 밝을 명, 밝을 철[wisdom; sagacity] : 세태(世態)나 사리(事理)에 밝음[明=哲].

년 월 일

젊은 자에게 지식과 근신함을 주기 위한 것이니

5절 지혜 있는 자는 듣고 학식이 더할 것이요 명철한 자는 모략을 얻을 것이라.

6절 잠언과 비유와 지혜 있는 자의 말과 그 오묘한 말을 깨달으리라.

[젊은이에게 주는 교훈]

7절 여호와를 경외하는 것이 지식의 근본이어늘 미련한 자는 지혜와 훈계를

속뜻단어 풀이

- **근신 謹愼** | 삼갈 근, 삼갈 신[good behavior] : 말이나 행동을 삼가고 조심함.
- **모략 謀略** | 꾀할 모, 꾀할 략[stratagem; trick] : 남을 해치려고 꾸미는[謀] 계략(計略).

멸시하느니라.
8절 내 아들아 네 아비의 훈계를
들으며 네 어미의 법을 떠나지 말라.
9절 이는 네 머리의 아름다운 관이
요 네 목의 금사슬이니라.
10절 내 아들아 악한 자가 너를 꾈
지라도 좇지 말라.
11절 그들이 네게 말하기를 우리와
함께 가자 우리가 가만히 엎드렸다가
사람의 피를 흘리자 죄 없는 자를 까

속뜻단어 풀이

- **멸시 蔑視** | 업신여길 멸, 볼 시[despisement; scorn] : 남을 업신여겨[蔑] 봄[視].
- **훈계 訓戒** | 가르칠 훈, 경계할 계[admonition; exhortation] : 타일러[訓] 경계[警戒]시킴. 또는 그런 말.

닭 없이 숨어 기다리다가
12절 음부 같이 그들을 산 채로 삼키며
무덤에 내려가는 자 같게 통으로 삼키
자
13절 우리가 온갖 보화를 얻으며 빼
앗은 것으로 우리 집에 채우리니
14절 너는 우리와 함께 제비를 뽑고
우리가 함께 전대 하나만 두자 할지라
도
15절 내 아들아 그들과 함께 길에

속뜻단어 풀이

- **음부 陰府** | 저승 음, 마을 부[grave; sheol] : 죽은 사람의 영혼이 가서 산다는 어둠[陰]의 세계[府]. 지옥. (구약 시대 당시 음부란 개념은 '죽은 자들이 들어가는 곳', '무덤' 등을 의미하는 것으로 어떤 일정한 장소를 지칭하는 것이 아니라 육체와 영혼의 분리 상태인 죽음을 뜻했다.)
- **전대 纏帶** | 감을 전, 띠 대[purse] : ①감는[纏] 띠[帶]. ②돈이나 물건을 넣어 허리에 매거나 어깨에 두르기 편하도록 만든 자루.

다니지 말라. 네 발을 금하여 그 길
을 밟지 말라.
16절 대저 그 발은 악으로 달려 가
며 피를 흘리는 데 빠름이니라.
17절 무릇 새가 그물치는 것을 보면
헛일이겠거늘
18절 그들의 가만히 엎드림은 자기의
피를 흘릴 뿐이요 숨어 기다림은 자기
의 생명을 해할 뿐이니
19절 무릇 이를 탐하는 자의 길은

속뜻단어 풀이

- **무릇 凡** | 무릇 범[generally speaking] : 종합하여 살펴보건대. 대체로 보아.
- **헛일** | [useless work] : 쓸모없는 일. 쓸데없이 한 노력.

다 이러하여 자기의 생명을 잃게 하느
니라.

[지혜가 부른다]

20절 지혜가 길거리에서 부르며 광장
에서 소리를 높이며
21절 훤화하는 길 머리에서 소리를
지르며 성문 어귀와 성중에서 그 소리
를 발하여 가로되
22절 너희 어리석은 자들은 어리석음
을 좋아하며 거만한 자들은 거만을 기

속뜻단어 풀이

- **훤화 喧譁** | 지껄일 훤, 시끄러울 화[uproar; noisy] : 소리 내어 떠드는 것, 시끄러운, 복잡한.
- **거만 倨慢** | 거만할 거, 오만할 만[proud] : 자기는 잘난 체하며[倨] 남은 업신여김[慢].

빼하며 미련한 자들은 지식을 미워하니
어느 때까지 하겠느냐?
23절 나의 책망을 듣고 돌이키라.
보라, 내가 나의 신을 너희에게 부어
주며 나의 말을 너희에게 보이리라.
24절 내가 부를지라도 너희가 듣기
싫어하였고 내가 손을 펼지라도 돌아보
는 자가 없었고
25절 도리어 나의 모든 교훈을 멸시
하며 나의 책망을 받지 아니하였은즉

속뜻단어 풀이

- **미련 未練** | 아닐 미, 익힐 련[lingering attachment] : ①새로운 상황이나 사물에 익숙하지[練] 않음[未]. ②깨끗이 잊지 못하고 끌리는 데가 남아 있는 마음.
- **책망 責望** | 꾸짖을 책, 원망할 망[scold; reproach; blame] : 잘못을 들어 꾸짖고[責] 원망(怨望)함. 또는 그 일.

26절 너희가 재앙을 만날 때에 내가 웃을 것이며 너희에게 두려움이 임할 때에 내가 비웃으리라.

27절 너희의 두려움이 광풍같이 임하겠고 너희의 재앙이 폭풍같이 이르겠고 너희에게 근심과 슬픔이 임하리니

28절 그때에 너희가 나를 부르리라. 그래도 내가 대답지 아니하겠고 부지런히 나를 찾으리라. 그래도 나를 만나지 못하리니

속뜻단어 풀이

- **재앙 災殃** | 재앙 재, 재앙 앙[calamity; woes] : 천재지변(天災地變) 따위로 말미암은 불행한 변고[災=殃].
- **광풍 狂風** | 미칠 광, 바람 풍[gale] : 미친 듯이[狂] 사납게 부는 바람[風].

29절 대저 너희가 지식을 미워하며 여호와 경외하기를 즐거워하지 아니하며

30절 나의 교훈을 받지 아니하고 나의 모든 책망을 업신여겼음이라.

31절 그러므로 자기 행위의 열매를 먹으며 자기 꾀에 배부르리라.

32절 어리석은 자의 퇴보는 자기를 죽이며 미련한 자의 안일은 자기를 멸망시키려니와

33절 오직 나를 듣는 자는 안연히

속뜻단어 풀이

- **업신여김** | [contempt; scorn; disdain] : 교만한 마음으로 남을 낮추어 보거나 멸시하다.
- **퇴보 退步** | 물러날 퇴, 걸을 보[fall backward; retrocede] : 뒤로 물러서서[退] 걸음[步].

년 월 일

살며 재앙의 두려움이 없이 평안하리라.

10

잠언 1장

속뜻단어 풀이

• **평안 平安** | 고를 평, 편안할 안[be well; peaceful; tranquil] : 마음이 고르고[平] 편안(便安)함.

묵상노트 필사하면서 느꼈던 점이나 암송하고 싶은 구절, 다시 되새겨보고 싶은 구절을 적어보세요.

년 월 일

잠언 2장

[지혜가 주는 유익]

1절 내 아들아 네가 만일 나의 말을 받으며 나의 계명을 네게 간직하며

2절 네 귀를 지혜에 기울이며 네 마음을 명철에 두며

3절 지식을 불러 구하며 명철을 얻으려고 소리를 높이며

4절 은을 구하는 것 같이 그것을 구하며 감추인 보배를 찾는 것 같이

속뜻단어 풀이

- **계명 誡命** | 경계할 계, 목숨 명[commandment] : 도덕상 또는 종교상 지켜야 하는[誡] 규정[命]. 예)기독교의 십계명.
- **보배** | [treasure; valuables] : ①귀중한 물건. ②소중한 사람이나 물건의 비유.

그것을 찾으면
5절 여호와 경외하기를 깨달으며 하
나님을 알게 되리니
6절 대저 여호와는 지혜를 주시며
지식과 명철을 그 입에서 내심이며
7절 그는 정직한 자를 위하여 완전
한 지혜를 예비하시며 행실이 온전한
자에게 방패가 되시나니
8절 대저 그는 공평의 길을 보호하
시며 그 성도들의 길을 보전하려 하심

속뜻단어 풀이

- **경외 敬畏** | 공경할 경, 두려워할 외[awe; dread] : 공경(恭敬)하고 두려워함[畏].
- **행실 行實** | 행할 행, 실제 실[conduct] : ①행동(行動)한 사실(事實). ②일상적인 행동.

이니라.

9절 그런즉 네가 공의와 공평과 정직 곧 모든 선한 길을 깨달을 것이라.

10절 곧 지혜가 네 마음에 들어가며 지식이 네 영혼에 즐겁게 될 것이요.

11절 근신이 너를 지키며 명철이 너를 보호하여

12절 악한 자의 길과 패역을 말하는 자에게서 건져내리라.

13절 이 무리는 정직한 길을 떠나

속뜻단어 풀이
- **공의 公義** | 공평할 공, 옳을 의[righteousness; justice] : 공평하고[公] 옳음[義].
- **패역 悖逆** | 거스를 패, 거스를 역[immorality; vice] : 사람으로서 마땅히 하여야 할 도리에 어긋나고 순리를 거슬러[悖=逆] 불순함.

년 월 일

어두운 길로 행하며
14절 행악하기를 기뻐하며 악인의 패
역을 즐거워하나니
15절 그 길은 구부러지고 그 행위는
패역하니라.
16절 지혜가 또 너를 음녀에게서,
말로 호리는 이방 계집에게서 구원하리
니
17절 그는 소시의 짝을 버리며 그
하나님의 언약을 잊어버린 자라.

속뜻단어 풀이
- **이방 異邦** | 다를 이, 나라 방[alien country; foreign country] : 다른[異] 나라[邦].
- **소시 少時** | 젊을 소, 때 시[one´s youth; one´s boyhood] : 젊은[少] 시절[時]. 어린 시절.

18절 그 집은 사망으로, 그 길은
음부로 기울어졌나니
19절 누구든지 그에게로 가는 자는
돌아오지 못하며 또 생명길을 얻지 못
하느니라.
20절 지혜가 너로 선한 자의 길로
행하게 하며 또 의인의 길을 지키게
하리니
21절 대저 정직한 자는 땅에 거하며
완전한 자는 땅에 남아 있으리라.

속뜻단어 풀이

- **사망 死亡** | 죽을 사, 없어질 망[death] : 죽어[死] 없어짐[亡]. 사람의 죽음.
- **의인 義人** | 옳을 의, 사람 인[righteous man] : 옳은[義] 일을 위하여 나서는 사람[人].

년 월 일

22절 그러나 악인은 땅에서 끊어지겠고 궤휼한 자는 땅에서 뽑히리라.

속뜻단어 풀이

• **궤휼 詭譎** | 속일 궤, 속일 휼[scheme; trick; evil design; wiles] : 간사한 속임수.

묵상노트 필사하면서 느꼈던 점이나 암송하고 싶은 구절, 다시 되새겨보고 싶은 구절을 적어보세요.

년 월 일

잠언 3장

[젊은이에게 주는 교훈]

1절 내 아들아 나의 법을 잊어버리지 말고 네 마음으로 나의 명령을 지키라.

2절 그리하면 그것이 너로 장수하여 많은 해를 누리게 하며 평강을 더하게 하리라.

3절 인자와 진리로 네게서 떠나지 않게 하고 그것을 네 목에 매며 네

속뜻단어 풀이

- **명령 命令** | 명할 명, 영 령[order; command] : 지켜야 할 영[令]을 명[命]함.
- **인자 人子** | 사람 인, 아들 자[son of man] : ①사람의 아들. 예수 자신을 이르는 말. ②구세주의 초월성과 동시에 그 인간성을 강조한 이름이다.

마음판에 새기라.
4절 그리하면 네가 하나님과 사람
앞에서 은총과 귀중히 여김을 받으리라.
5절 너는 마음을 다하여 여호와를
의뢰하고 네 명철을 의지하지 말라.
6절 너는 범사에 그를 인정하라.
그리하면 네 길을 지도하시리라.
7절 스스로 지혜롭게 여기지 말지어
다. 여호와를 경외하며 악을 떠날지어
다.

속뜻단어 풀이

- **은총 恩寵** | 인정 은, 영예 총[favor; grace] : ①높은 사람이 베푼 인정[恩]과 각별한 사랑[寵], ②하나님이 인간에게 내리는 은혜를 이르는 말.
- **의뢰 依賴** | 의지할 의, 힘입을 뢰[depend on; request] : ①남에게 의지(依支)하고 힘입음[賴]. ②남에게 부탁함.

8절 이것이 네 몸에 양약이 되어 네 골수로 윤택하게 하리라.

9절 네 재물과 네 소산물의 처음 익은 열매로 여호와를 공경하라.

10절 그리하면 네 창고가 가득히 차고 네 즙틀에 새 포도즙이 넘치리라.

11절 내 아들아 여호와의 징계를 경히 여기지 말라. 그 꾸지람을 싫어하지 말라.

12절 대저 여호와께서 그 사랑하시는

속뜻단어 풀이

- **골수 骨髓** | 뼈 골, 골수 수[bone] : ①뼈[骨]의 내강에 차 있는 누른빛 또는 붉은빛의 연한 조직[髓]. ②마음속.
- **소산물 所産物** | 것 소, 낳을 산, 물건 물[crop] : ①어떤 지역에서 생산되는[産] 물건[所=物]. ②어떤 행위나 상황 따위에 의한 결과로 나타나는 현상.

자를 징계하시기를 마치 아비가 그 기뻐하는 아들을 징계함 같이 하시느니라.

13절 지혜를 얻은 자와 명철을 얻은 자는 복이 있나니

14절 이는 지혜를 얻는 것이 은을 얻는 것보다 낫고 그 이익이 정금보다 나음이니라.

15절 지혜는 진주보다 귀하니 너의 사모하는 모든 것으로 이에 비교할 수 없도다.

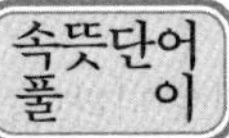

- **징계 懲戒** | 혼낼 징, 경계할 계[punish; reprimand] : ①허물이나 잘못을 뉘우치도록 나무라며 경계(警戒)함. ②부정이나 부당한 행위에 대하여 제재를 가함.
- **사모 思慕** | 생각 사, 그리워할 모[long for; admire] : ①애틋하게 생각하며[思] 그리워함[慕]. ②우러러 받들며 마음을 따름.

16절 그 우편 손에는 장수가 있고 그 좌편 손에는 부귀가 있나니

17절 그 길은 즐거운 길이요 그 첩경은 다 평강이니라.

18절 지혜는 그 얻은 자에게 생명 나무라. 지혜를 가진 자는 복되도다.

19절 여호와께서는 지혜로 땅을 세우셨으며 명철로 하늘을 굳게 펴셨고

20절 그 지식으로 해양이 갈라지게 하셨으며 공중에서 이슬이 내리게 하셨

속뜻단어 풀이

- **첩경 捷徑** | 빠를 첩, 지름길 경[shortcut; nearer way; royal road] : ①빠른[捷] 지름길[徑]. ②어떤 일을 함에 있어서 흔히 그렇게 되기가 쉬움을 이르는 말.
- **해양 海洋** | 바다 해, 먼 바다 양[ocean] : 육지에 붙은 바다[海]와 육지에서 멀리 떨어진 넓은 바다[洋].

느니라.

21절 내 아들아 완전한 지혜와 근신을 지키고 이것들로 네 눈 앞에서 떠나지 않게 하라.

22절 그리하면 그것이 네 영혼의 생명이 되며 네 목에 장식이 되리니

23절 네가 네 길을 안연히 행하겠고 네 발이 거치지 아니하겠으며

24절 네가 누울 때에 두려워하지 아니하겠고 네가 누운즉 네 잠이 달리로

속뜻단어 풀이

- **영혼 靈魂** | 신령 령, 넋 혼[soul] : ①죽은 사람의 넋[靈=魂]. ②육체에 깃들어 마음의 작용을 맡고 생명을 부여한다고 여겨지는 비물질적 실체.
- **안연 晏然** | 편안할 안, 그러할 연[safely] : 마음이 편안하고[晏] 침착함.

년 월 일

다

25절 너는 창졸간의 두려움이나 악인
의 멸망이 임할 때나 두려워하지 말라.
26절 대저 여호와는 너의 의지할 자
이시라. 네 발을 지켜 걸리지 않게
하시리라.
27절 네 손이 선을 베풀 힘이 있거
든 마땅히 받을 자에게 베풀기를 아끼
지 말며
28절 네게 있거든 이웃에게 이르기를

속뜻단어 풀이

- **창졸 倉卒** | 갑자기 창, 갑자기 졸[(be) sudden; unexpected; hurried] : 미처 어찌할 겨를이 없이 갑작스러움[倉=卒].
- **의지 依支** | 기댈 의, 지탱할 지[lean on] : ①다른 것에 몸을 기대[依] 지탱(支撐)함. 또는 그렇게 하는 대상. ②다른 것에 마음을 기대어 도움을 받음. 또는 그렇게 하는 대상.

갔다가 다시 오라 내일 주겠노라 하지
말며
29절 네 이웃이 네 곁에서 안연히
살거든 그를 모해하지 말며
30절 사람이 네게 악을 행하지 아니
하였거든 까닭 없이 더불어 다투지 말
며
31절 포학한 자를 부러워하지 말며
그 아무 행위든지 좇지 말라.
32절 대저 패역한 자는 여호와의 미

속뜻단어 풀이

- **모해 謀害** | 꾀 모, 해할 해[a plot to do harm] : 꾀를 써서[謀] 남을 해(害)침.
- **포학 暴虐** | 사나울 포, 모질 학[tyranny; outrage; atrocity] : 횡포(橫暴)하고 잔학(殘虐)함.

워하심을 입거니와 정직한 자에게는 그의 교통하심이 있으며

33절 악인의 집에는 여호와의 저주가 있거니와 의인의 집에는 복이 있느니라.

34절 진실로 그는 거만한 자를 비웃으시며 겸손한 자에게 은혜를 베푸시나니

35절 지혜로운 자는 영광을 기업으로 받거니와 미련한 자의 현달함은 욕이 되느니라.

속뜻단어 풀이

- **교통 交通** | 서로 교, 통할 통[traffic; transportation] : ①오고가며 서로[交] 통함[通]. ②자동차, 기차, 배, 비행기 따위의 탈 것을 이용하여 사람이 오고 가는 일이나 짐을 실어 나르는 일.
- **현달 顯達** | 높을 현, 이를 달[rise in the world] : ①높이[顯] 이름[達]. ②벼슬과 덕망이 높아서 이름을 세상에 드날림. 입신출세(立身出世)함.

년 월 일

묵상노트 필사하면서 느꼈던 점이나 암송하고 싶은 구절, 다시 되새겨보고 싶은 구절을 적어보세요.

잠언 4장

[지혜와 명철을 얻으라]

1절 아들들아 아비의 훈계를 들으며 명철을 얻기에 주의하라.

2절 내가 선한 도리를 너희에게 전하노니 내 법을 떠나지 말라.

3절 나도 내 아버지에게 아들이었었으며 내 어머니 보기에 유약한 외아들이었었노라.

4절 아버지가 내게 가르쳐 이르기를

속뜻단어 풀이
- **도리 道理** | 길 도, 이치 리[reason; way] : ①사람이 마땅히 행하여야 할 도덕적(道德的)인 이치(理致). ②어떤 일을 해 나갈 방법.
- **유약 幼弱** | 어릴 유, 약할 약[young and fragile] : 어리고[幼] 여리다[弱].

내 말을 네 마음에 두라. 내 명령을 지키라. 그리하면 살리라.
5절 지혜를 얻으며 명철을 얻으라. 내 입의 말을 잊지 말며 어기지 말라.
6절 지혜를 버리지 말라. 그가 너를 보호하리라. 그를 사랑하라. 그가 너를 지키리라.
7절 지혜가 제일이니 지혜를 얻으라. 무릇 너의 얻은 것을 가져 명철을 얻을지니라.

속뜻단어 풀이

- **지혜 知慧** | 슬기 지, 총명할 혜[wisdom] : ①슬기롭고[知] 총명함[慧]. ②사물의 이치를 빨리 깨닫고 사물을 정확하게 처리하는 능력.
- **무릇 凡** | 무릇 범[generally speaking] : 종합하여 살펴보건대. 대체로 보아.

8절 그를 높이라. 그리하면 그가 너를 높이 들리라. 만일 그를 품으면 그가 너를 영화롭게 하리라.

9절 그가 아름다운 관을 네 머리에 두겠고 영화로운 면류관을 네게 주리라 하였느니라.

10절 내 아들아 들으라. 내 말을 받으라. 그리하면 네 생명의 해가 길리라.

11절 내가 지혜로운 길로 네게 가르

속뜻단어 풀이

- **영화 榮華** | 꽃 영, 꽃 화[honor; glory] : ①꽃[榮=華]처럼 빛나는 영광. ②세상에 드러나는 영광. ③권력과 부귀를 마음껏 누리는 일.
- **면류관 冕旒冠** | 면류관 면, 깃발 류, 갓 관[royal crown; diadem] : 네모난 판[冕]에 보석을 꿰어 늘어 뜨려[旒] 장식한 관[冠]. 임금이 의식 때 입던 정식(正式) 의복(衣服)에 갖추어 머리에 쓰던 모자.

쳤으며 정직한 첩경으로 너를 인도하였
은즉
12절 다닐 때에 네 걸음이 곤란하지
아니하겠고 달려갈 때에 실족하지 아니
하리라.
13절 훈계를 굳게 잡아 놓치지 말고
지키라. 이것이 네 생명이니라.
14절 사특한 자의 첩경에 들어가지
말며 악인의 길로 다니지 말지어다.
15절 그 길을 피하고 지나가지 말며

속뜻단어 풀이

- **실족 失足** | 잃을 실, 발 족[lose[miss] one's footing] : ①발[足]을 잘못 디딤[失]. ②행동을 잘못함.
- **사특 邪慝** | 간사할 사, 사악할 특[(be) wicked; vicious; villainous] : 간사하고[邪] 악함[慝].

돌이켜 떠나갈지어다.
16절 그들은 악을 행하지 못하면 자
지 못하며 사람을 넘어뜨리지 못하면
잠이 오지 아니하며
17절 불의의 떡을 먹으며 강포의 술
을 마심이니라.
18절 의인의 길은 돋는 햇볕 같아서
점점 빛나서 원만한 광명에 이르거니와
19절 악인의 길은 어둠 같아서 그가
거쳐 넘어져도 그것이 무엇인지 깨닫지

속뜻단어 풀이

- **불의 不義** | 아니 불, 옳을 의[immorality; impropriety] : 옳지[義] 아니한[不] 일.
- **강포 强暴** | 강할 강, 사나울 포[(be) violent; outrageous; wild] : 완강(頑强)하고 포악(暴惡)함. 우악스럽고 사나움.

못하느니라.

20절 내 아들아 내 말에 주의하며 나의 이르는 것에 네 귀를 기울이라.

21절 그것을 네 눈에서 떠나게 말며 네 마음 속에 지키라.

22절 그것은 얻는 자에게 생명이 되며 그 온 육체의 건강이 됨이니라.

23절 무릇 지킬만한 것보다 더욱 네 마음을 지키라. 생명의 근원이 이에서 남이니라.

속뜻단어 풀이

- **주의 注意** | 쏟을 주, 뜻 의[be attention to; be careful] : ①뜻[意]이나 마음을 쏟음[注]. ②마음에 새겨두고 조심함.
- **근원 根源** | 뿌리 근, 근원 원[root; source] : ①나무뿌리[根]와 물이 흘러나오는 곳[源]. ②어떤 일이 생겨나는 본바탕.

년 월 일

24절 궤휼을 네 입에서 버리며 사곡
을 네 입술에서 멀리하라.
25절 네 눈은 바로 보며 네 눈꺼풀
은 네 앞을 곧게 살펴
26절 네 발의 행할 첩경을 평탄케
하며 네 모든 길을 든든히 하라.
27절 우편으로나 좌편으로나 치우치지
말고 네 발을 악에서 떠나게 하라.

속뜻단어 풀이

- **사곡 邪曲** | 간사할 사, 굽을 곡[(be) crooked; wicked; evil-minded] : 간사하고[邪] 굽은[曲] 마음을 말하나 성경에서는 하나님을 믿지 못하고 불경건하게 행하는 것을 이른다.
- **평탄 平坦** | 평평할 평, 평평할 탄[even; level; flat] : ①땅바닥이 평평함[平=坦]. ②일이 거침새가 없이 순조로움.

년 월 일

묵상노트 필사하면서 느꼈던 점이나 암송하고 싶은 구절, 다시 되새겨보고 싶은 구절을 적어보세요.

잠언 5장

[사지와 음부로 가지 말라]

1절 내 아들아 내 지혜에 주의하며 내 명철에 네 귀를 기울여서

2절 근신을 지키며 네 입술로 지식을 지키도록 하라.

3절 대저 음녀의 입술은 꿀을 떨어뜨리며 그 입은 기름보다 미끄러우나

4절 나중은 쑥 같이 쓰고 두 날 가진 칼 같이 날카로우며

속뜻단어 풀이

- **사지 死地** | 죽을 사, 땅 지[the jaws of death; deadly situation] : ①죽을[死] 곳[地]. 또는 죽어서 묻힐 장소. ②죽을 지경의 매우 위험하고 위태한 곳.
- **음녀 淫女** | 음란할 음, 여자 녀[a lewd woman; an unchaste woman] : 음란한[淫] 여자[女].

5절 그 발은 사지로 내려가며 그 걸음은 음부로 나아가나니

6절 그는 생명의 평탄한 길을 찾지 못하며 자기 길이 든든치 못하여도 그것을 깨닫지 못하느니라.

7절 그런즉 아들들아 나를 들으며 내 입의 말을 버리지 말고

8절 네 길을 그에게서 멀리하라. 그 집 문에도 가까이 가지 말라.

9절 두렵건대 네 존영이 남에게 잃

속뜻단어 풀이
- **든든** | [strong; full] : ①약하지 않고 굳세다. ②먹은 것이나 입은 것이 충분해서 허전하지 않다.
- **존영 尊榮** | 높을 존, 꽃필 영[respect; honour] : 지위가 높아지고[尊] 이름이 여러 곳에서 꽃처럼 피어남[榮].

어 버리게 되며 네 수한이 잔포자에게
빼앗기게 될까 하노라.
10절 두렵건대 타인이 네 재물로 충
족하게 되며 네 수고한 것이 외인의
집에 있게 될까 하노라.
11절 두렵건대 마지막에 이르러 네
몸, 네 육체가 쇠패할 때에 네가 한
탄하여
12절 말하기를 내가 어찌하여 훈계를
싫어하며 내 마음이 꾸지람을 가벼이

속뜻단어 풀이

- **수한 壽限** | 목숨 수, 한할 한[lifespan; life expectancy] : 타고난 수명 또는 목숨의 한도.
- **잔포 殘暴** | 잔인할 잔, 사나울 포[cruel] : 잔인하고[殘] 사나움[暴].
- **쇠패 衰敗** | 쇠할 쇠, 패할 패[be consumed; be spent] : ①쇠하여[衰] 패망(敗亡)함. ②늙어 기력이 없어짐.

년 월 일

여기고
13절 내 선생의 목소리를 청종치 아
니하며 나를 가르치는 이에게 귀를 기
울이지 아니하였던고?
14절 많은 무리들이 모인 중에서 모
든 악에 거의 빠지게 되었었노라 하게
될까 하노라.
15절 너는 네 우물에서 물을 마시며
네 샘에서 흐르는 물을 마시라.
16절 어찌하여 네 샘물을 집 밖으로

속뜻단어 풀이

- **청종 聽從** | 들을 청, 좇을 종[obeying; listening (to); following] : 이르는 바를 잘 듣고[聽] 좇음[從].
- **무리** | [group; crowd; flock] : 사람이나 짐승 따위가 함께 모여 있는 것.

넘치게 하겠으며 네 도랑물을 거리로
흘러가게 하겠느냐?
17절 그 물로 네게만 있게 하고 타
인으로 더불어 그것을 나누지 말라.
18절 네 샘으로 복되게 하라. 네가
젊어서 취한 아내를 즐거워하라.
19절 그는 사랑스러운 암사슴 같고
아름다운 암노루 같으니 너는 그 품을
항상 족하게 여기며 그 사랑을 항상
연모하라.

속뜻단어 풀이
- **도랑** | [ditch; dike] : 폭이 좁은 작은 개울.
- **타인 他人** | 다를 타, 사람 인[other people] : 다른[他] 사람[人]. 남.

20절 내 아들아 어찌하여 음녀를 연
모하겠으며 어찌하여 이방 계집의 가슴
을 안겠느냐?
21절 대저 사람의 길은 여호와의 눈
앞에 있나니 그가 그 모든 길을 평탄
케 하시느니라.
22절 악인은 자기의 악에 걸리며 그
죄의 줄에 매이나니
23절 그는 훈계를 받지 아니함을 인
하여 죽겠고 미련함이 많음을 인하여

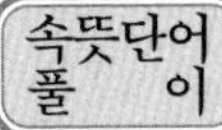

- **연모 戀慕** | 그리워할 연, 그릴 모[love; attachment; yearning (after)] : 이성을 사랑하여[戀] 간절히 그리워함[慕].
- **여호와** | [Jehovah; Yahweh] : 구약에서 하나님을 부르는 대표적인 이름으로, 오늘날은 '야웨', '야훼', '여호와' 등 조금씩 다르게 표기하고 있다.

년 월 일

혼미하게 되느니라.

속뜻단어 풀이

• **혼미 昏迷** | 어두울 혼, 헤맬 미[stupefied; confused] : ①어두워[昏] 길을 잃고 헤맴[迷]. ②정신이 흐리어 갈피를 못 잡음.

년 월 일

묵상노트 필사하면서 느꼈던 점이나 암송하고 싶은 구절, 다시 되새겨보고 싶은 구절을 적어보세요.

년 월 일

잠언 6장

[실제적 교훈]

1절 내 아들아 네가 만일 이웃을 위하여 담보하며 타인을 위하여 보증하였으면

2절 네 입의 말로 네가 얽혔으며 네 입의 말로 인하여 잡히게 되었느니라.

3절 내 아들아 네가 네 이웃의 손에 빠졌은즉 이같이 하라. 너는 곧

속뜻단어 풀이

- **담보 擔保** | 멜 담, 지킬 보[give as security] : 맡아서[擔] 보증함[保].
- **보증 保證** | 지킬 보, 증거 증[guarantee; vouch for] : 어떤 사물이나 사람에 대하여 책임지고[保] 틀림이 없음을 증명(證明)함.

년 월 일

가서 겸손히 네 이웃에게 간구하여 스스로 구원하되

4절 네 눈으로 잠들게 하지 말며 눈꺼풀로 감기게 하지 말고

5절 노루가 사냥군의 손에서 벗어나는 것 같이, 새가 그물치는 자의 손에서 벗어나는 것 같이 스스로 구원하라.

6절 게으른 자여 개미에게로 가서 그 하는 것을 보고 지혜를 얻으라.

속뜻단어 풀이

- **겸손 謙遜** | 남올릴 겸, 몸낮출 손[modesty; humility] : 남을 올리고[謙] 자기는 낮춤[遜]. 또는 그런 태도나 마음가짐.
- **간구 懇求** | 정성 간, 구할 구[requesting earnestly] : 간절(懇切)히 요구(要求)함.

년 월 일

7절 개미는 두령도 없고 간역자도
없고 주권자도 없으되
8절 먹을 것을 여름 동안에 예비하
며 추수 때에 양식을 모으느니라.
9절 게으른 자여 네가 어느 때까지
눕겠느냐? 네가 어느 때에 잠이 깨어
일어나겠느냐?
10절 좀더 자자, 좀더 졸자, 손을
모으고 좀더 눕자 하면
11절 네 빈궁이 강도 같이 오며 네

속뜻단어 풀이

- **두령 頭領** | 머리 두, 거느릴 령[boss; leader] : 여러 사람을 거느리는[領] 우두머리[頭]. 또는 그를 부르는 칭호.
- **간역 看役** | 볼 간, 부릴 역[간역자=감독자 overseer; officer] : ①집을 짓거나 고치는 일을 보살핌. ②어떤 일이나 그 일을 하는 사람을 잘못이 없도록 보살펴 다잡는 것.

곤핍이 군사 같이 이르리라.

12절 불량하고 악한 자는 그 행동에 궤휼한 입을 벌리며

13절 눈짓을 하며 발로 뜻을 보이며 손가락질로 알게 하며

14절 그 마음에 패역을 품으며 항상 악을 꾀하여 다툼을 일으키는 자라.

15절 그러므로 그 재앙이 갑자기 임한즉 도움을 얻지 못하고 당장에 패망하리라.

속뜻단어 풀이

- **곤핍 困乏** | 괴로울 곤, 가난할 핍[scarcity; need] : 괴롭고[困] 가난함[乏].
- **패망 敗亡** | 패할 패, 망할 망[collapse; be completely defeated] : ①전쟁에 져서[敗] 망(亡)함. ②싸움에 져서 죽음.

16절 여호와의 미워하시는 것 곧 그 마음에 싫어하시는 것이 육 칠 가지니

17절 곧 교만한 눈과 거짓된 혀와 무죄한 자의 피를 흘리는 손과

18절 악한 계교를 꾀하는 마음과 빨리 악으로 달려가는 발과

19절 거짓을 말하는 망령된 증인과 및 형제 사이를 이간하는 자니라.

[훈계와 명령]

20절 내 아들아 네 아비의 명령을

속뜻단어 풀이

- **계교 計巧** | 꾀 계, 공교할 교[scheme; stratagem; plot] : 이리저리 생각하여 짜낸 공교(工巧)로운 꾀[計].
- **이간 離間** | 떼놓을 리, 사이 간[alienate; estrange] : 둘 사이[間]를 헐뜯어 서로 멀어지게[離] 함.

지키며 네 어미의 법을 떠나지 말고
21절 그것을 항상 네 마음에 새기며
네 목에 매라.
22절 그것이 너의 다닐 때에 너를
인도하며 너의 잘 때에 너를 보호하며
너의 깰 때에 너로 더불어 말하리니
23절 대저 명령은 등불이요 법은 빛
이요 훈계의 책망은 곧 생명의 길이라.
24절 이것이 너를 지켜서 악한 계집
에게, 이방 계집의 혀로 호리는 말에

속뜻단어 풀이
- **인도 引導** | 끌 인, 이끌 도[guidance] : 이끌어 줌, 가르쳐 일깨움.
- **호리는** | [fascinate] : ①매력으로 남을 유혹하여 정신을 흐리게 하는. ②조금 그럴듯한 말로 속여 넘기는.

빠지지 않게 하리라.

25절 네 마음에 그 아름다운 색을 탐하지 말며 그 눈꺼풀에 홀리지 말라.

26절 음녀로 인하여 사람이 한 조각 떡만 남게 됨이며 음란한 계집은 귀한 생명을 사냥함이니라.

27절 사람이 불을 품에 품고야 어찌 그 옷이 타지 아니하겠으며

28절 사람이 숯불을 밟고야 어찌 그 발이 데지 아니하겠느냐?

속뜻단어 풀이

- **음란 淫亂** | 지나칠 음, 어지러울 란[lewd; lascivious] : ①지나치게[淫] 문란(紊亂)함. ②음탕하고 난잡함.
- **계집** | [woman; female] : 여자를 낮잡아 이르는 말.

년 월 일

29절 남의 아내와 통간하는 자도 이
와 같을 것이라. 무릇 그를 만지기만
하는 자도 죄 없게 되지 아니하리라.
30절 도적이 만일 주릴 때에 배를
채우려고 도적질하면 사람이 그를 멸시
치는 아니하려니와
31절 들키면 칠배를 갚아야 하리니
심지어 자기 집에 있는 것을 다 내어
주게 되리라.
32절 부녀와 간음하는 자는 무지한

속뜻단어 풀이

- **통간 通姦** | 통할 통, 간음할 간[adultery] : 남녀가 불의의 간음(姦淫)을 함.
- **간음 姦淫** | 간음할 간, 음란할 음[adultery] : 부부가 아닌 남녀가 음란(淫亂)한 성 관계를 맺음[姦].

년 월 일

자라. 이것을 행하는 자는 자기의 영혼을 망하게 하며

33절 상함과 능욕을 받고 부끄러움을 씻을 수 없게 되나니

34절 그 남편이 투기함으로 분노하여 원수를 갚는 날에 용서하지 아니하고

35절 아무 벌금도 돌아보지 아니하며 많은 선물을 줄지라도 듣지 아니하리라.

속뜻단어 풀이

- **능욕 凌辱** | 업신여길 능, 욕될 욕[insult; affront; indignity] : 남을 업신여겨[凌] 욕보임[辱].
- **투기 妬忌** | 시기할 투, 미워할 기[envy; jealous] : 시기하고[妬] 미워함[忌]. 또는 강샘을 함

년 월 일

묵상노트 필사하면서 느꼈던 점이나 암송하고 싶은 구절, 다시 되새겨보고 싶은 구절을 적어보세요.

잠언 7장

[음녀의 길로 치우치지 말라]

1절 내 아들아 내 말을 지키며 내 명령을 네게 간직하라.

2절 내 명령을 지켜서 살며 내 법을 네 눈동자처럼 지키라.

3절 이것을 네 손가락에 매며 이것을 네 마음판에 새기라.

4절 지혜에게 너는 내 누이라 하며 명철에게 너는 내 친족이라 하라.

속뜻단어 풀이

- **누이** | [boy's sister] : 남자의 여자 형제.
- **친족 親族** | 친할 친, 일가 족[blood relative] : 촌수가 가까운[親] 일가[族]. 혈통으로 가까운 관계에 있는 사람들.

5절 그리하면 이것이 너를 지켜서 음녀에게, 말로 호리는 이방 계집에게 빠지지 않게 하리라.

6절 내가 내 집 들창으로, 살창으로 내어다보다가

7절 어리석은 자 중에, 소년 중에 한 지혜 없는 자를 보았노라.

8절 그가 거리를 지나 음녀의 골목 모퉁이로 가까이 하여 그 집으로 들어가는데

속뜻단어 풀이

• **들창** –窓 | – 창 창[push-up window] : ①들어서 여는 창. ②벽의 위쪽에 자그맣게 만든 창.
• **살창** –窓 | – 창 창[lattice] : 안에서 밖을 볼 수 있도록 만들어진 격자창을 말한다.

9절 저물 때, 황혼 때, 깊은 밤 흑암 중에라.

10절 그때에 기생의 옷을 입은 간교한 계집이 그를 맞으니

11절 이 계집은 떠들며 완패하며 그 발이 집에 머물지 아니하여

12절 어떤 때에는 거리, 어떤 때에는 광장 모퉁이, 모퉁이에 서서 사람을 기다리는 자라.

13절 그 계집이 그를 붙잡고 입을

속뜻단어 풀이

• **황혼 黃昏** | 누를 황, 어두울 혼[dusk; twilight] : 하늘이 누렇고[黃] 어둑어둑한[昏] 해질 무렵.
• **흑암 黑暗** | 검을 흑, 어두울 암[dead darkness; blackness] : 캄캄하게[黑] 어두움[暗]. 몹시 어두움.

맞추며 부끄러움을 모르는 얼굴로 말하되

14절 내가 화목제를 드려서 서원한 것을 오늘날 갚았노라.

15절 이러므로 내가 너를 맞으려고 나와서 네 얼굴을 찾다가 너를 만났도다.

16절 내 침상에는 화문 요와 애굽의 문채 있는 이불을 폈고

17절 몰약과 침향과 계피를 뿌렸노라.

속뜻단어 풀이

- **화목제 和睦祭** | 화할 화, 화목할 목, 제사 제[peace offering; fellowship offering] : 구약 시대에, 하나님께 동물을 희생으로 바침으로써 진노를 벗어나, 하나님과 사람 사이에 화목(和睦)을 얻으려고 행하던 제사(祭祀).
- **침향 沈香** | 잠길 침, 향기 향[aloe] : ①향기(香氣)가 잠김[沈]. ②침향나무에서 채취한 천연향료.

18절 오라, 우리가 아침까지 흡족하게 서로 사랑하며 사랑함으로 희락하자.

19절 남편은 집을 떠나 먼 길을 갔는데

20절 은 주머니를 가졌은즉 보름에나 집에 돌아오리라 하여

21절 여러가지 고운 말로 혹하게 하며 입술의 호리는 말로 꾀므로

22절 소년이 곧 그를 따랐으니 소가 푸주로 가는 것 같고 미련한 자가 벌

속뜻단어 풀이

- **흡족 洽足** | 넉넉할 흡, 넉넉할 족[sufficient; ample] : 모자람 없이 아주 넉넉하고[洽]풍족(豊足)함.
- **푸주** | [butcher shop] : 푸줏간(예전에, 쇠고기나 돼지고기 따위의 고기를 끊어 팔던 가게).

을 받으려고 쇠사슬에 매이러 가는 것과 일반이라.

23절 필경은 살이 그 간을 뚫기까지에 이를 것이라. 새가 빨리 그물로 들어가되 그 생명을 잃어버릴줄을 알지 못함과 일반이니라.

24절 아들들아 나를 듣고 내 입의 말에 주의하라.

25절 네 마음이 음녀의 길로 치우치지 말며 그 길에 미혹지 말지어다.

속뜻단어 풀이

- **필경 畢竟** | 끝낼 필, 끝날 경[after all] : 일이 끝난[畢=竟] 후에. 마침내. 결국에는.
- **미혹 迷惑** | 미혹할 미, 미혹할 혹[delusion; confusion; bewilderment] : ①마음이 흐려서[迷] 무엇에 홀림[惑]. ②정신이 헷갈려 갈팡질팡 헤맴.

년 월 일

26절 대저 그가 많은 사람을 상하여 엎드러지게 하였나니 그에게 죽은 자가 허다하니라.

27절 그 집은 음부의 길이라. 사망의 방으로 내려가느니라.

속뜻단어 풀이

• **허다 許多** | 매우 허, 많을 다[common] : 수효가 매우[許] 많다[多].

묵상노트 필사하면서 느꼈던 점이나 암송하고 싶은 구절, 다시 되새겨보고 싶은 구절을 적어보세요.

잠언 8장

[지혜와 명철 찬양]

1절 지혜가 부르지 아니하느냐? 명철이 소리를 높이지 아니하느냐?

2절 그가 길 가의 높은 곳과 사거리에 서며

3절 성문 곁과 문 어귀와 여러 출입하는 문에서 불러 가로되

4절 사람들아 내가 너희를 부르며 내가 인자들에게 소리를 높이노라.

속뜻단어 풀이

• **명철 明哲** | 밝을 명, 밝을 철[wisdom; sagacity] : 세태(世態)나 사리(事理)에 밝음[明=哲].
• **어귀** | [entrance; entry] : 드나드는 목의 첫머리.

5절 어리석은 자들아 너희는 명철할
지니라. 미련한 자들아 너희는 마음이
밝을지니라. 너희는 들을지어다.
6절 내가 가장 선한 것을 말하리라.
내 입술을 열어 정직을 내리라.
7절 내 입은 진리를 말하며 내 입
술은 악을 미워하느니라.
8절 내 입의 말은 다 의로운즉 그
가운데 굽은 것과 패역한 것이 없나니
9절 이는 다 총명 있는 자의 밝히

속뜻단어 풀이

- **정직 正直** | 바를 정, 곧을 직[honest; upright] : 마음에 거짓이나 꾸밈이 없이 바르고[正] 곧음[直].
- **총명 聰明** | 밝을 총, 밝을 명[bright; intelligent] : ①귀가 밝고[聰] 눈이 밝음[明]. ②썩 영리하고 재주가 있음.

아는바요 지식 얻은 자의 정직히 여기
는바니라.
10절 너희가 은을 받지 말고 나의
훈계를 받으며 정금보다 지식을 얻으라.
11절 대저 지혜는 진주보다 나으므로
무릇 원하는 것을 이에 비교할 수 없
음이니라.
12절 나 지혜는 명철로 주소를 삼으
며 지식과 근신을 찾아 얻나니
13절 여호와를 경외하는 것은 악을

속뜻단어 풀이
- **정금 正金** | 바를 정, 쇠 금[pure; true gold] : ①순금. ②지폐에 대하여 금은(金銀) 따위로 만든 정화(正貨).
- **근신 謹愼** | 삼갈 근, 삼갈 신[good behavior] : 말이나 행동을 삼가고 조심함.

년 월 일

미워하는 것이라. 나는 교만과 거만과
악한 행실과 패역한 입을 미워하느니라.
14절 내게는 도략과 참 지식이 있으
며 나는 명철이라. 내게 능력이 있으
므로
15절 나로 말미암아 왕들이 치리하며
방백들이 공의를 세우며
16절 나로 말미암아 재상과 존귀한
자 곧 세상의 모든 재판관들이 다스리
느니라.

속뜻단어 풀이

- **도략 度略** | 법도 도, 다스릴 략[counsel] : 꾀를 부리는 일. 또는 그런 재주. 히브리어의 에차(충고, 조언, 의논, 지혜, 방책)가 도략으로 번역.
- **재상 宰相** | 맡을 재, 도울 상[prime minister] : 임금이 시킨 일을 맡아[宰] 돕는[相] 신하. 임금을 보필하며 모든 관원을 지휘, 감독하는 자리에 있는 자.

17절 나를 사랑하는 자들이 나의 사랑을 입으며 나를 간절히 찾는 자가 나를 만날 것이니라.

18절 부귀가 내게 있고 장구한 재물과 의도 그러하니라.

19절 내 열매는 금이나 정금보다 나으며 내 소득은 천은보다 나으니라.

20절 나는 의로운 길로 행하며 공평한 길 가운데로 다니나니

21절 이는 나를 사랑하는 자로 재물

속뜻단어 풀이

- **부귀 富貴** | 부유할 부, 귀할 귀[riches and honors] : 재산이 많고[富] 사회적 지위가 높음[貴].
- **장구 長久** | 길 장, 오랠 구[be lasting] : 매우 길고[長] 오래다[久].

을 얻어서 그 곳간에 채우게 하려함이
니라.
22절 여호와께서 그 조화의 시작 곧
태초에 일하시기 전에 나를 가지셨으며
23절 만세전부터, 상고부터, 땅이
생기기 전부터 내가 세움을 입었나니
24절 아직 바다가 생기지 아니하였고
큰 샘들이 있기 전에 내가 이미 났으
며
25절 산이 세우심을 입기 전에, 언

속뜻단어 풀이

- **만세 萬歲** | 일만 만, 해 세[ten thousand years; hurrah] : ①오랜[萬] 세월[歲]. ②오래도록 삶. 영원히 살아 번영함. ③'영원하라!'는 뜻으로 크게 외치는 소리.
- **상고 上古** | 위 상, 옛 고[ancient times] : 역사의 시대 구분의 하나. 중고(中古)보다 먼저[上] 있던 옛날[古].

년 월 일

덕이 생기기 전에 내가 이미 났으니

26절 하나님이 아직 땅도, 들도,

세상 진토의 근원도 짓지 아니하셨을

때에라.

27절 그가 하늘을 지으시며 궁창으로

해면에 두르실 때에 내가 거기 있었고

28절 그가 위로 구름 하늘을 견고하

게 하시며 바다의 샘들을 힘 있게 하

시며

29절 바다의 한계를 정하여 물로 명

속뜻단어 풀이

- **궁창 穹蒼** | 하늘 궁, 푸를 창[sky] : 푸른[蒼] 하늘[穹]. 창공(蒼空).
- **해면 海面** | 바다 해, 낯 면[surface of the sea] : 바다[海]의 표면[面].

령을 거스리지 못하게 하시며 또 땅의
기초를 정하실 때에
30절 내가 그 곁에 있어서 창조자가
되어 날마다 그 기뻐하신바가 되었으며
항상 그 앞에서 즐거워하였으며
31절 사람이 거처할 땅에서 즐거워하
며 인자들을 기뻐하였었느니라.
32절 아들들아 이제 내게 들으라.
내 도를 지키는 자가 복이 있느니라.
33절 훈계를 들어서 지혜를 얻으라.

속뜻단어 풀이

- **창조 創造** | 처음 창, 만들 조[create] : 전에 없던 것을 처음으로[創] 만듦[造].
- **거처 居處** | 살 거, 곳 처[dwelling; residence] : 사는[居] 곳[處].

년 월 일

그것을 버리지 말라.
34절 누구든지 내게 들으며 날마다
내 문 곁에서 기다리며 문설주 옆에서
기다리는 자는 복이 있나니
35절 대저 나를 얻는 자는 생명을
얻고 여호와께 은총을 얻을 것임이니라.
36절 그러나 나를 잃는 자는 자기의
영혼을 해하는 자라. 무릇 나를 미워
하는 자는 사망을 사랑하느니라.

속뜻단어 풀이

- **문설주 門서+ㄹ柱** | 문 문, 서다, 기둥 주[doorframe] : 문 양쪽에 세워 문짝을 다는 데 쓰는 기둥[柱].
- **영혼 靈魂** | 신령 령, 넋 혼[soul] : ①죽은 사람의 넋[靈=魂]. ②육체에 깃들어 마음의 작용을 맡고 생명을 부여한다고 여겨지는 비물질적 실체.

묵상노트 필사하면서 느꼈던 점이나 암송하고 싶은 구절, 다시 되새겨보고 싶은 구절을 적어보세요.

년 월 일

잠언 9장

[지혜와 어리석음]

1절 지혜가 그 집을 짓고 일곱 기둥을 다듬고

2절 짐승을 잡으며 포도주를 혼합하여 상을 갖추고

3절 그 여종을 보내어 성중 높은 곳에서 불러 이르기를

4절 무릇 어리석은 자는 이리로 돌이키라. 또 지혜 없는 자에게 이르기

속뜻단어 풀이

- **혼합 混合** | 섞을 혼, 합할 합[mix; mingle; blend] : 뒤섞여서[混] 한데 합쳐짐[合]. 또는 뒤섞어 한데 합함.
- **성중 城中** | 성 성, 가운데 중[inside (of) a castle] : 성벽(城壁)으로 둘러싸인 그 가운데[中] 안쪽. 성안

를

5절 너는 와서 내 식물을 먹으며
내 혼합한 포도주를 마시고
6절 어리석음을 버리고 생명을 얻으
라 명철의 길을 행하라 하느니라.
7절 거만한 자를 징계하는 자는 도
리어 능욕을 받고 악인을 책망하는 자
는 도리어 흠을 잡히느니라.
8절 거만한 자를 책망하지 말라.
그가 너를 미워할까 두려우니라. 지혜

속뜻단어 풀이

- **거만 倨慢** | 거만할 거, 오만할 만[proud] : 자기는 잘난 체하며[倨] 남은 업신여김[慢].
- **능욕 凌辱** | 업신여길 능, 욕될 욕[insult; affront; indignity] : 남을 업신여겨[凌] 욕보임[辱].

있는 자를 책망하라. 그가 너를 사랑
하리라.

9절 지혜 있는 자에게 교훈을 더하
라. 그가 더욱 지혜로와질 것이요 의
로운 사람을 가르치라. 그의 학식이
더하리라.

10절 여호와를 경외하는 것이 지혜의
근본이요 거룩하신 자를 아는 것이 명
철이니라.

11절 나 지혜로 말미암아 네 날이

속뜻단어 풀이

- **학식 學識** | 배울 학, 알 식[scholarship] : 배워서[學] 아는[識] 지식. 또는 전문적 지식.
- **거룩** | [holy] : 히브리어로 '코데쉬'는 '잘라냄, 분리함'을 의미하는 말로 더러움과 분리된 상태를 말한다. 거룩은 하나님께만 있는 성품으로 모든 피조물과 완전히 다르게 구별되심을 말한다.

많아질 것이요 네 생명의 해가 더하리라.

12절 네가 만일 지혜로우면 그 지혜가 네게 유익할 것이나 네가 만일 거만하면 너 홀로 해를 당하리라.

13절 미련한 계집이 떠들며 어리석어서 아무 것도 알지 못하고

14절 자기 집 문에 앉으며 성읍 높은 곳에 있는 자리에 앉아서

15절 자기 길을 바로 가는 행객을

속뜻단어 풀이
- **성읍 城邑** | 성 성, 고을 읍[castle town] : 성벽[城]으로 둘러싸인 거주지[邑].
- **행객 行客** | 갈 행, 손님 객[traveler; tourist] : 길 가는[行] 사람[客]. 나그네.

불러 이르되

16절 무릇 어리석은 자는 이리로 돌
이키라. 또 지혜 없는 자에게 이르기
를

17절 도적질한 물이 달고 몰래 먹는
떡이 맛이 있다 하는도다.

18절 오직 그 어리석은 자는 죽은
자가 그의 곳에 있는 것과 그의 객들
이 음부 깊은 곳에 있는 것을 알지
못하느니라.

속뜻단어 풀이

- **객 客** | 손 객[guest; visitor] : 찾아온 사람. 손님.
- **음부 陰府** | 저승 음, 마을 부[grave; sheol] : 죽은 사람의 영혼이 가서 산다는 어둠[陰]의 세계[府]. 지옥. (구약 시대 당시 음부란 개념은 '죽은 자들이 들어가는 곳', '무덤' 등을 의미하는 것으로 어떤 일정한 장소를 지칭하는 것이 아니라 육체와 영혼의 분리 상태인 죽음을 뜻했다.)

묵상노트 필사하면서 느꼈던 점이나 암송하고 싶은 구절, 다시 되새겨보고 싶은 구절을 적어보세요.

년 월 일

잠언 10장

[솔로몬의 잠언]

1절 솔로몬의 잠언이라. 지혜로운 아들은 아비로 기쁘게 하거니와 미련한 아들은 어미의 근심이니라.

2절 불의의 재물은 무익하여도 의리는 죽음에서 건지느니라.

3절 여호와께서 의인의 영혼은 주리지 않게 하시나 악인의 소욕은 물리치시느니라.

속뜻단어 풀이

- **근심** | [anxiety; worry] : 괴롭게 애를 태우거나 불안해하는 마음.
- **소욕 所欲** | 바 소, 하고자 할 욕[craving] : 하고 싶은 바.

년 월 일

4절 손을 게으르게 놀리는 자는 가난하게 되고 손이 부지런한 자는 부하게 되느니라.

5절 여름에 거두는 자는 지혜로운 아들이나 추수 때에 자는 자는 부끄러움을 끼치는 아들이니라.

6절 의인의 머리에는 복이 임하거늘 악인의 입은 독을 머금었느니라.

7절 의인을 기념할 때에는 칭찬하거니와 악인의 이름은 썩으리라.

속뜻단어 풀이

• **추수 秋收** | 가을 추, 거둘 수[harvest] : 가을[秋]에 익은 곡식을 거두어[收] 들임.
• **악인 惡人** | 악할 악, 사람 인[bad man] : 악[惡]한 사람[人].

8절 마음이 지혜로운 자는 명령을
받거니와 입이 미련한 자는 패망하리라.
9절 바른길로 행하는 자는 걸음이
평안하려니와 굽은 길로 행하는 자는
드러나리라.
10절 눈짓하는 자는 근심을 끼치고
입이 미련한 자는 패망하느니라.
11절 의인의 입은 생명의 샘이라도
악인의 입은 독을 머금었느니라.
12절 미움은 다툼을 일으켜도 사랑은

속뜻단어 풀이

- **생명 生命** | 살 생, 목숨 명[life] : ①살아가는[生] 데 꼭 필요한 목숨[命]. ②사물이 존재할 수 있는 가장 중요한 요건을 비유하여 이르는 말.
- **머금다** | [keep in one's mouth] : 입속에 넣고 삼키지 않고 있다.

모든 허물을 가리우느니라.

13절 명철한 자의 입술에는 지혜가 있어도 지혜 없는 자의 등을 위하여는 채찍이 있느니라.

14절 지혜로운 자는 지식을 간직하거니와 미련한 자의 입은 멸망에 가까우니라.

15절 부자의 재물은 그의 견고한 성이요 가난한 자의 궁핍은 그의 패망이니라.

속뜻단어 풀이

- **허물** | [fault] : 잘못 저지른 실수.
- **멸망 滅亡** | 없앨 멸, 망할 망[fall; collapse] : 망[亡]하여 없어짐[滅].

16절 의인의 수고는 생명에 이르고
악인의 소득은 죄에 이르느니라.
17절 훈계를 지키는 자는 생명길로
행하여도 징계를 버리는 자는 그릇 가
느니라.
18절 미워함을 감추는 자는 거짓의
입술을 가진 자요 참소하는 자는 미련
한 자니라.
19절 말이 많으면 허물을 면키 어려
우나 그 입술을 제어하는 자는 지혜가

속뜻단어 풀이
- **소득 所得** | 것 소, 얻을 득[income] : 어떤 일의 결과로 얻는[得] 것[所].
- **참소 讒訴** | 헐뜯을 참, 하소연할 소[false charge; slander] : 남을 헐뜯어서[讒] 없는 죄를 있는 듯이 꾸며 고해바치는[訴] 일.

있느니라.

20절 의인의 혀는 천은과 같거니와
악인의 마음은 가치가 적으니라.

21절 의인의 입술은 여러 사람을 교
육하나 미련한 자는 지식이 없으므로
죽느니라.

22절 여호와께서 복을 주시므로 사람
으로 부하게 하시고 근심을 겸하여 주
지 아니하시느니라.

23절 미련한 자는 행악으로 낙을 삼

속뜻단어 풀이
- **천은 天銀** | 하늘 천, 은 은[refined silver] : 천연(天然)의 은[銀]. 순분(純分) 100%의 품질이 좋은 은.
- **가치 價値** | 값 가, 값 치[value; worth] : ①값[價=値]. 쓸모. ②욕망을 충족시키는 재화의 중요 정도.

는 것 같이 명철한 자는 지혜로 낙을 삼느니라.

24절 악인에게는 그의 두려워하는 것이 임하거니와 의인은 그 원하는 것이 이루어지느니라.

25절 회리바람이 지나가면 악인은 없어져도 의인은 영원한 기초 같으니라.

26절 게으른 자는 그 부리는 사람에게 마치 이에 초 같고 눈에 연기 같으니라.

속뜻단어 풀이

- **낙 樂** | 즐거울 락[pleasure] : 즐거움이나 위안.
- **회리바람** | [whirlwind] : '회오리바람(갑자기 생긴 저기압 주변으로 한꺼번에 모여든 공기가 나선 모양으로 일으키는 선회(旋回) 운동)' 의 준말.

27절 여호와를 경외하면 장수하느니라. 그러나 악인의 년세는 짧아지느니라.

28절 의인의 소망은 즐거움을 이루어도 악인의 소망은 끊어지느니라.

29절 여호와의 도가 정직한 자에게는 산성이요 행악하는 자에게는 멸망이니라.

30절 의인은 영영히 이동되지 아니하여도 악인은 땅에 거하지 못하게 되느니라.

31절 의인의 입은 지혜를 내어도 패

속뜻단어 풀이

- **소망 所望** | 것 소, 바랄 망[desire; wish] : 바라는[望] 어떤 것[所].
- **산성 山城** | 메 산, 성곽 성[mountain fortress wall] : 산[山]에 쌓은 성[城].

역한 혀는 베임을 당할 것이니라.

32절 의인의 입술은 기쁘게 할 것을 알거늘 악인의 입은 패역을 말하느니라.

속뜻단어 풀이 • **패역 悖逆** | 거스를 패, 거스를 역[immorality; vice] : 사람으로서 마땅히 하여야 할 도리에 어긋나고 순리를 거슬러[悖=逆] 불순함.

년 월 일

묵상노트 필사하면서 느꼈던 점이나 암송하고 싶은 구절, 다시 되새겨보고 싶은 구절을 적어보세요.

년 월 일

잠언 11장

1절 속이는 저울은 여호와께서 미워하서도 공평한 추는 그가 기뻐하시느니라.

2절 교만이 오면 욕도 오거니와 겸손한 자에게는 지혜가 있느니라.

3절 정직한 자의 성실은 자기를 인도하거니와 사특한 자의 패역은 자기를 망케 하느니라.

4절 재물은 진노하시는 날에 무익하

속뜻단어 풀이

• **저울** | [scales] : 물건의 무게를 다는 데 쓰는 기구를 통틀어 이르는 말.
• **추 錘** | 저울 추[weights] : 끈에 매달려 늘어진 물건을 통틀어 이르는 말.

나 의리는 죽음을 면케 하느니라.
5절 완전한 자는 그 의로 인하여
그 길이 곧게 되려니와 악한 자는 그
악을 인하여 넘어지리라.
6절 정직한 자는 그 의로 인하여
구원을 얻으려니와 사특한 자는 자기의
악에 잡히리라.
7절 악인은 죽을 때에 그 소망이
끊어지나니 불의의 소망이 없어지느니라.
8절 의인은 환난에서 구원을 얻고

속뜻단어 풀이

- **불의 不義** | 아니 불, 옳을 의[immorality; impropriety] : 옳지[義] 아니한[不] 일.
- **환난 患難** | 근심 환, 어려울 난[hardships; distress; misfortune] : 근심[患]과 재난(災難).

악인은 와서 그를 대신하느니라.
9절 사특한 자는 입으로 그 이웃을
망하게 하여도 의인은 그 지식으로 말
미암아 구원을 얻느니라.
10절 의인이 형통하면 성읍이 즐거워
하고 악인이 패망하면 기뻐 외치느니라.
11절 성읍은 정직한 자의 축원을 인
하여 진흥하고 악한 자의 입을 인하여
무너지느니라.
12절 지혜 없는 자는 그 이웃을 멸

속뜻단어 풀이

- **축원 祝願** | 빌 축, 바랄 원[pray] : 신에게 자기의 소원(所願)을 이루어주기를 빎[祝].
- **진흥 振興** | 떨칠 진, 일어날 흥[develop; advance; promote] : 떨치고[振] 일어남[興]. 또는 그렇게 되게 함.

시하나 명철한 자는 잠잠하느니라.
13절 두루 다니며 한담하는 자는 남의 비밀을 누설하나 마음이 신실한 자는 그런 것을 숨기느니라.
14절 도략이 없으면 백성이 망하여도 모사가 많으면 평안을 누리느니라.
15절 타인을 위하여 보증이 되는 자는 손해를 당하여도 보증이 되기를 싫어하는 자는 평안하니라.
16절 유덕한 여자는 존영을 얻고 근

속뜻단어 풀이
- **유덕 有德** | 있을 유, 덕 덕[virtuous] : 덕성(德性)을 갖추고 있음[有].
- **존영 尊榮** | 높을 존, 꽃필 영[respect; honour] : 지위가 높아지고[尊] 이름이 여러 곳에서 꽃처럼 피어남[榮].

면한 남자는 재물을 얻느니라.

17절 인자한 자는 자기의 영혼을 이롭게 하고 잔인한 자는 자기의 몸을 해롭게 하느니라.

18절 악인의 삯은 허무하되 의를 뿌린 자의 상은 확실하니라.

19절 의를 굳게 지키는 자는 생명에 이르고 악을 따르는 자는 사망에 이르느니라.

20절 마음이 패려한 자는 여호와의

속뜻단어 풀이

• **허무 虛無** | 빌 허, 없을 무[vain; futile] : ①아무것도 없이[無] 텅 빔[虛]. ②무가치하고 무의미하게 느껴져 매우 허전하고 쓸쓸함.
• **패려 悖戾** | 어그러질 패, 어그러질 려[perversion] : 말이나 행동이 뒤틀어져 도리에 어긋나고 사나운 것.

미움을 받아도 행위가 온전한 자는 그의 기뻐하심을 받느니라.

21절 악인은 피차 손을 잡을지라도 벌을 면치 못할 것이나 의인의 자손은 구원을 얻으리라.

22절 아름다운 여인이 삼가지 아니하는 것은 마치 돼지코에 금고리 같으니라.

23절 의인의 소원은 오직 선하나 악인의 소망은 진노를 이루느니라.

속뜻단어 풀이

- **구원 救援** | 건질 구, 당길 원[rescue; salvation] : ①물에 빠진 사람을 건져주기[救] 위해 잡아당김[援]. ②인류를 죽음과 고통과 죄악에서 건져 내는 일.
- **소원 所願** | 것 소, 바랄 원[one's desire] : 이루어지기를 바라는[願] 어떤 것[所].

24절 흩어 구제하여도 더욱 부하게
되는 일이 있나니 과도히 아껴도 가난
하게 될 뿐이니라.

25절 구제를 좋아하는 자는 풍족하여
질 것이요 남을 윤택하게 하는 자는
윤택하여지리라.

26절 곡식을 내지 아니하는 자는 백
성에게 저주를 받을 것이나 파는 자는
그 머리에 복이 임하리라.

27절 선을 간절히 구하는 자는 은총

속뜻단어 풀이

- **구제 救濟** | 구원할 구, 건널 제[help; aid] : 자연적인 재해나 사회적인 피해를 당하여 어려운 처지에 있는 사람을 구(救)하여 어려움을 벗어나게 함[濟].
- **윤택 潤澤** | 젖을 윤, 윤날 택[rich; wealthy] : ①물기 따위에 젖어[潤] 번지르르하게 윤이 남[澤]. ②살림살이가 넉넉함.

을 얻으려니와 악을 더듬어 찾는 자에
게는 악이 임하리라.
28절 자기의 재물을 의지하는 자는
패망하려니와 의인은 푸른 잎사귀 같아
서 번성하리라.
29절 자기 집을 해롭게 하는 자의
소득은 바람이라. 미련한 자는 마음이
지혜로운 자의 종이 되리라.
30절 의인의 열매는 생명나무라. 지
혜로운 자는 사람을 얻느니라.

속뜻단어 풀이

- **재물 財物** | 재물 재, 만물 물[property; effects; goods] : 재산(財産)이 될 만한 물건(物件).
- **번성 繁盛** | 많을 번, 담을 성[prosper; flourish] : ①많이[繁] 담겨[盛] 있음. ②한창 성하게 일어나 퍼짐. ③나무나 풀이 무성함.

31절 보라, 의인이라도 이 세상에서 보응을 받겠거든 하물며 악인과 죄인이리요

속뜻단어 풀이

- **보응 報應** | 갚을 보, 받을 응[retribution; reward] : 착한 일과 악한 일이 그 원인과 결과에 따라 대갚음[報]을 받음[應].
- **죄인 罪人** | 허물 죄, 사람 인[criminal] : 죄[罪]를 지은 사람[人].

년 월 일

묵상노트 필사하면서 느꼈던 점이나 암송하고 싶은 구절, 다시 되새겨보고 싶은 구절을 적어보세요.

년 월 일

잠언 12장

1절 훈계를 좋아하는 자는 지식을 좋아하나니 징계를 싫어하는 자는 짐승과 같으니라.

2절 선인은 여호와께 은총을 받으려니와 악을 꾀하는 자는 정죄하심을 받으리라.

3절 사람이 악으로 굳게 서지 못하나니 의인의 뿌리는 움직이지 아니하느니라.

속뜻단어 풀이

- **선인 善人** | 착할 선, 사람 인[good man] : 착한[善] 사람[人].
- **정죄 定罪** | 정할 정, 허물 죄[condemn] : 죄가 있는 것으로 판정함.

4절 어진 여인은 그 지아비의 면류관이나 욕을 끼치는 여인은 그 지아비로 뼈가 썩음 같게 하느니라.

5절 의인의 생각은 공직하여도 악인의 도모는 궤휼이니라.

6절 악인의 말은 사람을 엿보아 피를 흘리자 하는 것이어니와 정직한 자의 입은 사람을 구원하느니라.

7절 악인은 엎드러져서 소멸되려니와 의인의 집은 서 있으리라.

속뜻단어 풀이

- **공직 公直** | 공평할 공, 곧을 직[just] : 공평(公平)하고 정직(正直)함.
- **도모 圖謀** | 꾀할 도, 꾀할 모[plan; design] : 어떤 일을 이루기 위하여 대책과 방법을 세움.

8절 사람은 그 지혜대로 칭찬을 받으려니와 마음이 패려한 자는 멸시를 받으리라.

9절 비천히 여김을 받을지라도 종을 부리는 자는 스스로 높은체 하고도 음식이 핍절한 자보다 나으니라.

10절 의인은 그 육축의 생명을 돌아보나 악인의 긍휼은 잔인이니라.

11절 자기의 토지를 경작하는 자는 먹을 것이 많거니와 방탕한 것을 따르

속뜻단어 풀이

- **비천 卑賤** | 낮을 비, 천할 천[humble] : 신분이 낮고[卑] 천함[賤].
- **핍절 乏絶** | 가난할 핍, 끊을 절[lack, need] : 몹시 궁핍하고 가난한 상태.

는 자는 지혜가 없느니라.

12절 악인은 불의의 이를 탐하나 의인은 그 뿌리로 말미암아 결실하느니라.

13절 악인은 입술의 허물로 인하여 그물에 걸려도 의인은 환난에서 벗어나느니라.

14절 사람은 입의 열매로 인하여 복록에 족하며 그 손의 행하는 대로 자기가 받느니라.

15절 미련한 자는 자기 행위를 바른

속뜻단어 풀이

- **결실 結實** | 맺을 결, 열매 실[bear fruit; fructify] : ①열매[實]를 맺음[結]. ②일의 결과가 잘 맺어짐.
- **복록 福祿** | 복 복, 복 록[prosperity] : '행복하고 넉넉한 삶'을 이르는 말.

년 월 일

줄로 여기나 지혜로운 자는 권고를 듣
느니라.
16절 미련한 자는 분노를 당장에 나
타내거니와 슬기로운 자는 수욕을 참느
니라.
17절 진리를 말하는 자는 의를 나타
내어도 거짓 증인은 궤휼을 말하느니라.
18절 혹은 칼로 찌름 같이 함부로
말하거니와 지혜로운 자의 혀는 양약
같으니라.

속뜻단어 풀이

- **권고 勸告** | 권할 권, 알릴 고[advice; counsel] : 어떤 일을 하도록 권(勸)하여 알림[告]. 또는 그런 말.
- **수욕 受辱** | 받을 수, 욕될 욕[humiliation; shame; disgrace] : 남에게 모욕(侮辱)을 당함[受].

19절 진실한 입술은 영원히 보존되거니와 거짓 혀는 눈 깜짝일 동안만 있을 뿐이니라.

20절 악을 꾀하는 자의 마음에는 궤휼이 있고 화평을 논하는 자에게는 희락이 있느니라.

21절 의인에게는 아무 재앙도 임하지 아니하려니와 악인에게는 앙화가 가득하리라.

22절 거짓 입술은 여호와께 미움을

속뜻단어 풀이

- **희락 喜樂** | 기쁠 희, 즐길 락[joy] : 기쁨[喜]과 즐거움[樂] 또는 기뻐함과 즐거워함.
- **앙화 殃禍** | 재앙 앙, 재화 화[calamities; disaster; woe] : ①재앙(災殃)이나 화근(禍根). ②지은 죄의 앙갚음으로 받는 재앙.

년 월 일

받아도 진실히 행하는 자는 그의 기뻐
하심을 받느니라.
23절 슬기로운 자는 지식을 감추어
두어도 미련한 자의 마음은 미련한 것
을 전파하느니라.
24절 부지런한 자의 손은 사람을 다
스리게 되어도 게으른 자는 부림을 받
느니라.
25절 근심이 사람의 마음에 있으면
그것으로 번뇌케 하나 선한 말은 그것

속뜻단어 풀이

- **부림** | [work; set to work] : 짐승이나 다른 사람을 시켜 일하게 함.
- **번뇌 煩惱** | 답답할 번, 괴로울 뇌[troubles; anxiety; pains] : 가슴이 답답함[煩]과 마음이 괴로움[惱].

년 월 일

을 즐겁게 하느니라.
26절 의인은 그 이웃의 인도자가 되
나 악인의 소행은 자기를 미혹하게 하
느니라.
27절 게으른 자는 그 잡을 것도 사
냥하지 아니하나니 사람의 부귀는 부지
런한 것이니라.
28절 의로운 길에 생명이 있나니 그
길에는 사망이 없느니라.

속뜻단어 풀이

- **소행 所行** | 것 소, 행할 행[person's doing] : 행한[行] 어떤 것[所]. 행한 일.
- **미혹 迷惑** | 미혹할 미, 미혹할 혹[delusion; confusion; bewilderment] : ①마음이 흐려서[迷] 무엇에 홀림[惑]. ②정신이 헷갈려 갈팡질팡 헤맴.

년 월 일

묵상노트 필사하면서 느꼈던 점이나 암송하고 싶은 구절, 다시 되새겨보고 싶은 구절을 적어보세요.

년 월 일

잠언 13장

1절 지혜로운 아들은 아비의 훈계를
들으나 거만한 자는 꾸지람을 즐겨 듣
지 아니하느니라.

2절 사람은 입의 열매로 인하여 복
록을 누리거니와 마음이 궤사한 자는
강포를 당하느니라.

3절 입을 지키는 자는 그 생명을
보전하나 입술을 크게 벌리는 자에게는
멸망이 오느니라.

속뜻단어 풀이

- **궤사 詭詐** | 속일 궤, 속일 사[deceit] : 간사스러운 거짓으로 남을 교묘하게 속임.
- **보전 保全** | 지킬 보, 온전할 전[preserve intact] : 온전[全]하게 잘 지킴[保].

년 월 일

4절 게으른 자는 마음으로 원하여도 얻지 못하나 부지런한 자의 마음은 풍족함을 얻느니라.

5절 의인은 거짓말을 미워하나 악인은 행위가 흉악하여 부끄러운데 이르느니라.

6절 의는 행실이 정직한 자를 보호하고 악은 죄인을 패망케 하느니라.

7절 스스로 부한체하여도 아무 것도 없는 자가 있고 스스로 가난한체 하여

속뜻단어 풀이

- **흉악 凶惡** | 사나울 흉, 악할 악[bad; wicked] : 성질이 몹시 사납고[凶] 악(惡)함. 또는 그러한 사람.
- **행실 行實** | 행할 행, 실제 실[conduct] : 실제(實際)로 행함[行]. 일상의 행동.

도 재물이 많은 자가 있느니라.

8절 사람의 재물이 그 생명을 속할 수는 있으나 가난한 자는 협박을 받을 일이 없느니라.

9절 의인의 빛은 환하게 빛나고 악인의 등불은 꺼지느니라.

10절 교만에서는 다툼만 일어날 뿐이라. 권면을 듣는 자는 지혜가 있느니라.

11절 망령되이 얻은 재물은 줄어가고

속뜻단어 풀이

- **협박 脅迫** | 으를 협, 다그칠 박[threaten; menace] : ①으르고[脅] 다그침(逼迫). ②어떤 일을 강제로 시키기 위하여 을러서 괴롭게 굶.
- **권면 勸勉** | 권할 권, 힘쓸 면[encouragement] : 알아듣도록 권(勸)하고 격려하여 힘쓰게[勉] 함.

손으로 모은 것은 늘어가느니라.
12절 소망이 더디 이루게 되면 그것이 마음을 상하게 하나니 소원이 이루는 것은 곧 생명 나무니라.
13절 말씀을 멸시하는 자는 패망을 이루고 계명을 두려워하는 자는 상을 얻느니라.
14절 지혜 있는 자의 교훈은 생명의 샘이라. 사람으로 사망의 그물을 벗어나게 하느니라.

속뜻단어 풀이
- **멸시 蔑視** | 업신여길 멸, 볼 시[despisement; scorn] : 남을 업신여겨[蔑] 봄[視].
- **계명 誡命** | 경계할 계, 목숨 명[commandment] : 도덕상 또는 종교상 지켜야 하는[誡] 규정[命]. 예)기독교의 십계명.

15절 선한 지혜는 은혜를 베푸나 궤사한 자의 길은 험하니라.

16절 무릇 슬기로운 자는 지식으로 행하여도 미련한 자는 자기의 미련한 것을 나타내느니라.

17절 악한 사자는 재앙에 빠져도 충성된 사신은 양약이 되느니라.

18절 훈계를 저버리는 자에게는 궁핍과 수욕이 이르거니와 경계를 지키는 자는 존영을 얻느니라.

속뜻단어 풀이

- **사신 使臣** | 부릴 사, 신하 신[envoy] : 임금이나 국가의 명령을 받고 외국에 사절(使節)로 가는 신하(臣下).
- **궁핍 窮乏** | 궁할 궁, 가난할 핍[poverty; want] : 생활이 몹시 곤궁(困窮)하고 가난함[乏].

19절 소원을 성취하면 마음에 달아도
미련한 자는 악에서 떠나기를 싫어하느
니라.

20절 지혜로운 자와 동행하면 지혜를
얻고 미련한 자와 사귀면 해를 받느니
라.

21절 재앙은 죄인을 따르고 선한 보
응은 의인에게 이르느니라.

22절 선인은 그 산업을 자자 손손에
게 끼쳐도 죄인의 재물은 의인을 위하

속뜻단어 풀이

- **성취 成就** | 이룰 성, 이룰 취[fulfillment] : 목적한 바를 이룸[成=就].
- **동행 同行** | 같을 동, 갈 행[going together] : 같이[同] 길을 감[行].

여 쌓이느니라.

23절 가난한 자는 밭을 경작하므로
양식이 많아지거늘 혹 불의로 인하여
가산을 탕패하는 자가 있느니라.

24절 초달을 차마 못하는 자는 그
자식을 미워함이라. 자식을 사랑하는
자는 근실히 징계하느니라.

25절 의인은 포식하여도 악인의 배는
주리느니라.

속뜻단어 풀이

- **탕패 蕩敗** | 방탕할 탕, 패할 패[sweep away; waste] : 재물 따위를 써서 다 없앰.
- **초달 楚撻** | 회초리 초, 때릴 달[the rod] : 회초리[楚] 따위로 버릇을 잡기 위해 때림[撻].

묵상노트 필사하면서 느꼈던 점이나 암송하고 싶은 구절, 다시 되새겨보고 싶은 구절을 적어보세요.

잠언 14장

1절 무릇 지혜로운 여인은 그 집을 세우되 미련한 여인은 자기 손으로 그것을 허느니라.

2절 정직하게 행하는 자는 여호와를 경외하여도 패역하게 행하는 자는 여호와를 경멸히 여기느니라.

3절 미련한 자는 교만하여 입으로 매를 자청하고 지혜로운 자는 입술로 스스로 보전하느니라.

속뜻단어 풀이

- **경멸 輕蔑** | 가벼울 경, 업신여길 멸[despisement] : 남을 깔보고[輕] 업신여김[蔑].
- **자청 自請** | 스스로 자, 청할 청[volunteer] : 어떤 일을 자기 스스로[自] 청(請)함.

4절 소가 없으면 구유는 깨끗하려니와 소의 힘으로 얻는 것이 많으니라.

5절 신실한 증인은 거짓말을 아니하여도 거짓 증인은 거짓말을 뱉느니라.

6절 거만한 자는 지혜를 구하여도 얻지 못하거니와 명철한 자는 지식 얻기가 쉬우니라.

7절 너는 미련한 자의 앞을 떠나라 그 입술에 지식 있음을 보지 못함이니라.

속뜻단어 풀이

- **신실 信實** | 믿을 신, 참될 실[faithfulness; good faith] : 믿음직스럽고[信] 착실(着實)함.
- **증인 證人** | 증거 증, 사람 인[witness] : 어떤 사실을 증명(證明)하는 사람.

년 월 일

8절 슬기로운 자의 지혜는 자기의 길을 아는 것이라도 미련한 자의 어리석음은 속이는 것이니라.

9절 미련한 자는 죄를 심상히 여겨도 정직한 자 중에는 은혜가 있느니라.

10절 마음의 고통은 자기가 알고 마음의 즐거움도 타인이 참여하지 못하느니라.

11절 악한 자의 집은 망하겠고 정직한 자의 장막은 흥하리라.

속뜻단어 풀이

- **심상 尋常** | 찾을 심, 보통 상[ordinary; common] : 보통[常] 찾아[尋] 볼 수 있는 정도. 대수롭지 않고 예사롭다.
- **장막 帳幕** | 휘장 장, 막 막[tent] : ①사람이 들어가 볕이나 비를 피할 수 있도록 한데에 둘러치는 휘장[帳]이나 천막[幕]. ②안을 보지 못하게 둘러치는 막.

12절 어떤 길은 사람의 보기에 바르나 필경은 사망의 길이니라.

13절 웃을 때에도 마음에 슬픔이 있고 즐거움의 끝에도 근심이 있느니라.

14절 마음이 패려한 자는 자기 행위로 보응이 만족하겠고 선한 사람도 자기의 행위로 그러하리라.

15절 어리석은 자는 온갖 말을 믿으나 슬기로운 자는 그 행동을 삼가느니라.

속뜻단어 풀이

- **필경 畢竟** | 끝낼 필, 끝날 경[after all] : 일이 끝난[畢=竟] 후에. 마침내. 결국에는.
- **패려 悖戾** | 어그러질 패, 어그러질 려[perversion] : 말이나 행동이 뒤틀어져 도리에 어긋나고 사나운 것.

16절 지혜로운 자는 두려워하여 악을
떠나나 어리석은 자는 방자하여 스스로
믿느니라.

17절 노하기를 속히 하는 자는 어리
석은 일을 행하고 악한 계교를 꾀하는
자는 미움을 받느니라.

18절 어리석은 자는 어리석음으로 기
업을 삼아도 슬기로운 자는 지식으로
면류관을 삼느니라.

19절 악인은 선인 앞에 엎드리고 불

속뜻단어 풀이

- **방자 放恣** | 내칠 방, 방자할 자[impudent; uppish] : 내치는[放] 대로 함부로 함[恣]. 꺼리거나 삼가는 태도가 없이 건방짐.
- **계교 計巧** | 꾀 계, 공교할 교[scheme; stratagem; plot] : 이리저리 생각하여 짜낸 공교(工巧)로운 꾀[計].

의 자는 의인의 문에 엎드리느니라.
20절 가난한 자는 그 이웃에게도 미
움을 받게 되나 부요한 자는 친구가
많으니라.
21절 그 이웃을 업신여기는 자는 죄
를 범하는 자요 빈곤한 자를 불쌍히
여기는 자는 복이 있는 자니라.
22절 악을 도모하는 자는 그릇 가는
것이 아니냐? 선을 도모하는 자에게는
인자와 진리가 있으리라.

속뜻단어 풀이

- **업신여김** | [contempt; scorn; disdain] : 교만한 마음으로 남을 낮추어 보거나 멸시하다.
- **도모 圖謀** | 꾀할 도, 꾀할 모[plan; design] : 어떤 일을 이루기 위하여 대책과 방법을 세움.

년 월 일

23절 모든 수고에는 이익이 있어도
입술의 말은 궁핍을 이룰 뿐이니라.

24절 지혜로운 자의 재물은 그의 면
류관이요 미련한 자의 소유는 다만 그
미련한 것이니라.

25절 진실한 증인은 사람의 생명을
구원하여도 거짓말을 뱉는 사람은 속이
느니라.

26절 여호와를 경외하는 자에게는 견
고한 의뢰가 있나니 그 자녀들에게 피

속뜻단어 풀이

- **소유 所有** | 것 소, 가질 유[own; have; possess] : 가지고 있는[有] 어떤 것[所]. 자기의 것으로 가짐. 또는 가지고 있음.
- **의뢰 依賴** | 의지할 의, 힘입을 뢰[depend on; request] : ①남에게 의지(依支)하고 힘입음[賴]. ②남에게 부탁함.

난처가 있으리라.

27절 여호와를 경외하는 것은 생명의 샘이라. 사망의 그물에서 벗어나게 하느니라.

28절 백성이 많은 것은 왕의 영광이요 백성이 적은 것은 주권자의 패망이니라.

29절 노하기를 더디 하는 자는 크게 명철하여도 마음이 조급한 자는 어리석음을 나타내느니라.

속뜻단어 풀이

- **주권 主權** | 주인 주, 권리 권[sovereignty] : ①주인(主人)로서의 권리(權利). ②국가 의사를 최종적으로 결정하는 최고 · 독립 · 절대의 권력.
- **조급 躁急** | 성급할 조, 급할 급[quick-temper] : 참을성 없이 매우 급함[躁=急].

년 월 일

30절 마음의 화평은 육신의 생명이나 시기는 뼈의 썩음이니라.

31절 가난한 사람을 학대하는 자는 그를 지으신 이를 멸시하는 자요 궁핍한 사람을 불쌍히 여기는 자는 주를 존경하는 자니라.

32절 악인은 그 환난에 엎드러져도 의인은 그 죽음에도 소망이 있느니라.

33절 지혜는 명철한 자의 마음에 머물거니와 미련한 자의 속에 있는 것은

속뜻단어 풀이

• **학대 虐待** | 혹독할 학, 대접할 대[oppress] : 혹독하게[虐] 대우(待遇)함. 심하게 괴롭힘. 구박.
• **존경 尊敬** | 높을 존, 공경할 경[respect] : 남의 인격, 사상, 행위 따위를 높이[尊] 받들어 공경(恭敬)함.

년 월 일

나타나느니라.

34절 의는 나라로 영화롭게 하고 죄는 백성을 욕되게 하느니라.

35절 슬기롭게 행하는 신하는 왕의 은총을 입고 욕을 끼치는 신하는 그의 진노를 당하느니라.

속뜻단어 풀이

- **영화 榮華** | 꽃 영, 꽃 화[honor; glory] : ①꽃[榮=華]처럼 빛나는 영광. ②세상에 드러나는 영광. ③권력과 부귀를 마음껏 누리는 일.
- **진노 震怒** | 벼락 진, 노할 노[wrath] : 존엄한 존재가 벼락[震]같이 크게 노(怒)함.

묵상노트 필사하면서 느꼈던 점이나 암송하고 싶은 구절, 다시 되새겨보고 싶은 구절을 적어보세요.

년 월 일

잠언 15장

1절 유순한 대답은 분노를 쉬게 하여도 과격한 말은 노를 격동하느니라.

2절 지혜 있는 자의 혀는 지식을 선히 베풀고 미련한 자의 입은 미련한 것을 쏟느니라.

3절 여호와의 눈은 어디서든지 악인과 선인을 감찰하시느니라.

4절 온량한 혀는 곧 생명 나무라도 패려한 혀는 마음을 상하게 하느니라.

속뜻단어 풀이

- **격동 激動** | 거셀 격, 움직일 동[stir up] : ①급격(急激)하게 변동(變動)함. ②몹시 흥분하고 감동함.
- **온량 溫良** | 따뜻할 온, 어질 량[gentle; amiable] : 성품(性品)이 온화(溫和)하고 어짐[良].

5절 아비의 훈계를 업신여기는 자는
미련한 자요 경계를 받는 자는 슬기를
얻을 자니라.
6절 의인의 집에는 많은 보물이 있
어도 악인의 소득은 고통이 되느니라.
7절 지혜로운 자의 입술은 지식을
전파하여도 미련한 자의 마음은 정함이
없느니라.
8절 악인의 제사는 여호와께서 미워
하셔도 정직한 자의 기도는 그가 기뻐

속뜻단어 풀이

- **경계 警戒** | 타이를 경, 주의할 계[alert; warning] : ①타일러[警] 주의하도록[戒] 함. ②잘못을 저지르지 않도록 미리 타일러 조심하게 함.
- **제사 祭祀** | 제사 제, 제사 사[sacrifice] : 신령이나 죽은 사람의 넋에게 정성을 다하여 제물(祭物)을 바쳐 추모하고 복을 비는 의식[祀]. 향사(享祀).

하시느니라.

9절 악인의 길은 여호와께서 미워하
셔도 의를 따라가는 자는 그가 사랑하
시느니라.

10절 도를 배반하는 자는 엄한 징계
를 받을 것이요 견책을 싫어하는 자는
죽을 것이니라.

11절 음부와 유명도 여호와의 앞에
드러나거든, 하물며 인생의 마음이리요
12절 거만한 자는 견책 받기를 좋아

속뜻단어 풀이

- **배반 背反** | 등질 배, 되돌릴 반[betray] : 신의를 저버리고 등지고[背] 돌아섬[反].
- **견책 譴責** | 꾸짖을 견, 꾸짖을 책[reproof; correction] : 허물이나 잘못을 꾸짖음[譴=責].

하지 아니하며 지혜 있는 자에게로 가
지도 아니하느니라.
13절 마음의 즐거움은 얼굴을 빛나게
하여도 마음의 근심은 심령을 상하게
하느니라.
14절 명철한 자의 마음은 지식을 요
구하고 미련한 자의 입은 미련한 것을
즐기느니라.
15절 고난 받는 자는 그 날이 다
험악하나 마음이 즐거운 자는 항상 잔

속뜻단어 풀이

• **심령 心靈** | 마음 심, 심령 령[spirit; soul] : 마음[心]속의 영혼(靈魂). 정신의 근원이 되는 의식의 본바탕.
• **험악 險惡** | 험할 험, 악할 악[dangerous; bad] : 생김새나 태도, 성질이나 인심 따위가 험상(險狀)궂고 흉악(凶惡)함.

치하느니라.

16절 가산이 적어도 여호와를 경외하는 것이 크게 부하고 번뇌하는 것보다 나으니라.

17절 여간 채소를 먹으며 서로 사랑하는 것이 살진 소를 먹으며 서로 미워하는 것보다 나으니라.

18절 분을 쉽게 내는 자는 다툼을 일으켜도 노하기를 더디 하는 자는 시비를 그치게 하느니라.

속뜻단어 풀이

- **가산 家產** | 집 가, 재산 산[family fortune] : 한 집안[家]의 재산(財產).
- **여간 如干** | 같을 여, 방패 간[some; little] : ①작은 방패[干] 같음[如]. ②주로 부정하는 말과 함께 쓰여 보통으로. 조금. 어지간하게.

19절 게으른 자의 길은 가시울타리 같으나 정직한 자의 길은 대로니라.

20절 지혜로운 아들은 아비를 즐겁게 하여도 미련한 자는 어미를 업신여기느니라.

21절 무지한 자는 미련한 것을 즐겨 하여도 명철한 자는 그 길을 바르게 하느니라.

22절 의논이 없으면 경영이 파하고 모사가 많으면 경영이 성립하느니라.

속뜻단어 풀이

- **경영 經營** | 다스릴 경, 꾀할 영[manage; conduct] : ①일이나 사람을 다스리어[經] 이익을 꾀함[營]. ②기업체나 사업체 따위를 관리하여 운영함.
- **모사 謀士** | 꾀할 모, 선비 사[counsellor] : 방법이나 계획을 꾀하는[謀] 사람[士]. 왕의 조언자이자 상담자로 보통 궁중의 관리를 말한다.

23절 사람은 그 입의 대답으로 말미암아 기쁨을 얻나니 때에 맞은 말이 얼마나 아름다운고!

24절 지혜로운 자는 위로 향한 생명길로 말미암음으로 그 아래 있는 음부를 떠나게 되느니라.

25절 여호와는 교만한 자의 집을 허시며 과부의 지계를 정하시느니라.

26절 악한 꾀는 여호와의 미워하시는 것이라도 선한 말은 정결하니라.

속뜻단어 풀이

- **지계 地界** | 땅 지, 지경 계[boundary] : 나라나 지역(地域) 따위의 구간을 가르는 경계(境界). 지경(地境).
- **정결 淨潔** | 맑끔할 정, 깨끗할 결[clean and neat; undefiled] : 매우 말끔하고[淨] 깨끗함[潔].

년 월 일

27절 이를 탐하는 자는 자기 집을 해롭게 하나 뇌물을 싫어하는 자는 사느니라.

28절 의인의 마음은 대답할 말을 깊이 생각하여도 악인의 입은 악을 쏟느니라.

29절 여호와는 악인을 멀리 하시고 의인의 기도를 들으시느니라.

30절 눈의 밝은 것은 마음을 기쁘게 하고 좋은 기별은 뼈를 윤택하게 하느

속뜻단어 풀이

- **뇌물 賂物** | 뇌물 줄 뇌, 재물 물[bribe] : 직권을 이용하여 특별한 편의를 보아 달라는 뜻으로 주는[賂] 부정한 금품[物].
- **기별 寄別** | 부칠 기, 나눌 별[news; notice] : ①부치어[寄] 나누어 줌[別] ②소식을 전함. 또는 소식을 전하는 종이.

니라.

31절 생명의 경계를 듣는 귀는 지혜로운 자 가운데 있느니라.

32절 훈계 받기를 싫어하는 자는 자기의 영혼을 경히 여김이라. 견책을 달게 받는 자는 지식을 얻느니라.

33절 여호와를 경외하는 것은 지혜의 훈계라. 겸손은 존귀의 앞잡이니라.

속뜻단어 풀이

- **견책 譴責** | 꾸짖을 견, 꾸짖을 책[reproof; correction] : 허물이나 잘못을 꾸짖음[譴=責].
- **존귀 尊貴** | 높을 존, 귀할 귀[be high and noble] : 지위나 신분이 높고[尊] 귀함[貴].

년 월 일

묵상노트 필사하면서 느꼈던 점이나 암송하고 싶은 구절, 다시 되새겨보고 싶은 구절을 적어보세요.

잠언 16장

1절 마음의 경영은 사람에게 있어도 말의 응답은 여호와께로서 나느니라.

2절 사람의 행위가 자기 보기에는 모두 깨끗하여도 여호와는 심령을 감찰하시느니라.

3절 너의 행사를 여호와께 맡기라. 그리하면 너의 경영하는 것이 이루리라.

4절 여호와께서 온갖 것을 그 쓰임에 적당하게 지으셨나니 악인도 악한

속뜻단어 풀이

- **감찰 監察** | 볼 감, 살필 찰[inspection] : ①감시(監視)하여 살핌[察]. 또는 그 직무. ②단체의 규율과 구성원의 행동을 살피고 감독하는 일. 또는 그 직무.
- **행사 行事** | 행할 행, 일 사[event] : 일[事]을 행[行]함. 또는 그 일.

날에 적당하게 하셨느니라.

5절 무릇 마음이 교만한 자를 여호와께서 미워하시나니 피차 손을 잡을지라도 벌을 면치 못하리라.

6절 인자와 진리로 인하여 죄악이 속하게 되고 여호와를 경외함으로 인하여 악에서 떠나게 되느니라.

7절 사람의 행위가 여호와를 기쁘시게 하면 그 사람의 원수라도 그로 더불어 화목하게 하시느니라.

속뜻단어 풀이

• **원수 怨讐** | 원망할 원, 원수 수[enemy; foe] : 자기 또는 자기 집이나 나라에 해를 끼쳐 원한(怨恨)이 맺힌 사람[讐]이나 물건.
• **화목 和睦** | 화합할 화, 친할 목[peace; harmony] : 뜻이 맞고[和] 정다움[睦].

8절 적은 소득이 의를 겸하면 많은
소득이 불의를 겸한 것보다 나으니라.
9절 사람이 마음으로 자기의 길을
계획할지라도 그 걸음을 인도하는 자는
여호와시니라.
10절 하나님의 말씀이 왕의 입술에
있은즉 재판할 때에 그 입이 그릇하지
아니하리라.
11절 공평한 간칭과 명칭은 여호와의
것이요 주머니 속의 추돌들도 다 그의

속뜻단어 풀이

- **간칭 杆秤** | 몽둥이 간, 저울 칭[scale] : 대저울(대에 눈금이 새겨져 있고, 추가 매달려 있는 저울).
- **추돌** | [weight] : 저울추의 줄임말로 고대 근동에서 무게를 달 때 그 추를 무게 주머니 속에 넣어 사용하였다. 잠언에서는 하나님께서 정직한 재판과 정직한 거래를 기뻐하시는 분으로 묘사하였는데 추돌은 정직한 거래를 상징하는 것이었다.

지으신 것이니라.

12절 악을 행하는 것은 왕의 미워할 바니 이는 그 보좌가 공의로 말미암아 굳게 섬이니라.

13절 의로운 입술은 왕들의 기뻐하는 것이요 정직히 말하는 자는 그들의 사랑을 입느니라.

14절 왕의 진노는 살륙의 사자와 같아도 지혜로운 사람은 그것을 쉬게 하리라.

속뜻단어 풀이

- **보좌 寶座** | 보배로울 보, 자리 좌[throne] : ①보배로운[寶] 자리[座]. ②왕이 앉는 자리.
- **진노 震怒** | 벼락 진, 노할 노[wrath] : 존엄한 존재가 벼락[震]같이 크게 노(怒)함.

년 월 일

15절 왕의 희색에 생명이 있나니 그 은택이 늦은 비를 내리는 구름과 같으니라.

16절 지혜를 얻는 것이 금을 얻는 것보다 얼마나 나은고 명철을 얻는 것이 은을 얻는 것보다 더욱 나으니라.

17절 악을 떠나는 것은 정직한 사람의 대로니 그 길을 지키는 자는 자기의 영혼을 보전하느니라.

18절 교만은 패망의 선봉이요 거만한

속뜻단어 풀이

- **희색 喜色** | 기쁠 희, 빛 색[glad countenance; joyful look] : 기뻐하는[喜] 얼굴 빛[色].
- **은택 恩澤** | 은혜 은, 은덕 택[benefit; blessing] : 은혜(恩惠)로운 덕택(德澤).
- **선봉 先鋒** | 먼저 선, 앞장 봉[advance guard; spearhead] : 맨[先] 앞장[鋒].

마음은 넘어짐의 앞잡이니라.

19절 겸손한 자와 함께하여 마음을 낮추는 것이 교만한 자와 함께하여 탈취물을 나누는 것보다 나으니라.

20절 삼가 말씀에 주의하는 자는 좋은 것을 얻나니 여호와를 의지하는 자가 복이 있느니라.

21절 마음이 지혜로운 자가 명철하다 일컬음을 받고 입이 선한 자가 남의 학식을 더하게 하느니라.

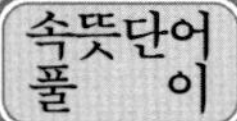

- **탈취 奪取** | 빼앗을 탈, 가질 취[extortion; seizure] : 남의 것을 억지로 빼앗아[奪] 가짐[取].
- **의지 依支** | 기댈 의, 지탱할 지[lean on] : ①다른 것에 몸을 기대[依] 지탱(支撐)함. 또는 그렇게 하는 대상. ②다른 것에 마음을 기대어 도움을 받음. 또는 그렇게 하는 대상.

22절 명철한 자에게는 그 명철이 생명의 샘이 되거니와 미련한 자에게는 그 미련한 것이 징계가 되느니라.

23절 지혜로운 자의 마음은 그 입을 슬기롭게 하고 또 그 입술에 지식을 더하느니라.

24절 선한 말은 꿀송이 같아서 마음에 달고 뼈에 양약이 되느니라.

25절 어떤 길은 사람의 보기에 바르나 필경은 사망의 길이니라.

속뜻단어 풀이

- **지식 知識** | 알 지, 알 식[knowledge; knowhow] : 어떤 대상에 대하여 배우거나 실천을 통해 알게 된[知] 명확한 이해나 인식(認識).
- **양약 良藥** | 좋을 량, 약 약[good medicine] : 효험이 있는 좋은[良] 약[藥].

26절 노력하는 자는 식욕을 인하여 애쓰나니 이는 그 입이 자기를 독촉함이니라.

27절 불량한 자는 악을 꾀하나니 그 입술에는 맹렬한 불 같은 것이 있느니라.

28절 패려한 자는 다툼을 일으키고 말장이는 친한 벗을 이간하느니라.

29절 강포한 사람은 그 이웃을 꾀어 불선한 길로 인도하느니라.

속뜻단어 풀이

- **독촉 督促** | 재촉할 독, 재촉할 촉[press; demand] : 일이나 행동을 빨리 하도록 재촉함(督=促).
- **불선(不善)** | 아닐 불, 착할 선[evil; vice] : 착하지[善] 아니함[不]. 좋지 못함.

30절 눈을 감는 자는 패역한 일을 도모하며 입술을 닫는 자는 악한 일을 이루느니라.

31절 백발은 영화의 면류관이라. 의로운 길에서 얻으리라.

32절 노하기를 더디하는 자는 용사보다 낫고 자기의 마음을 다스리는 자는 성을 빼앗는 자보다 나으니라.

33절 사람이 제비는 뽑으나 일을 작정하기는 여호와께 있느니라.

속뜻단어 풀이

- **백발 白髮** | 흰 백, 터럭 발[grey hair] : 하얗게[白] 센 머리털[髮].
- **제비** | [lot; lottery] : 여럿 가운데 어느 하나를 골라잡게 하는 데 쓰는 물건. 종잇조각 따위에 표를 하여 임의로 뽑아 결정한다.

묵상노트 필사하면서 느꼈던 점이나 암송하고 싶은 구절, 다시 되새겨보고 싶은 구절을 적어보세요.

잠언 17장

1절 마른 떡 한 조각만 있고도 화목하는 것이 육선이 집에 가득하고 다투는 것보다 나으니라.

2절 슬기로운 종은 주인의 부끄러움을 끼치는 아들을 다스리겠고 또 그 아들들 중에서 유업을 나눠 얻으리라.

3절 도가니는 은을, 풀무는 금을 연단하거니와 여호와는 마음을 연단하시느니라.

속뜻단어 풀이

- **육선 肉饍** | 고기 육, 반찬 선[feasting] : 고기[肉]로 만든 반찬(飯饌). 하나님께 제사드리기 위해 잡은 제물로 최상품의 고기를 말한다.
- **유업 遺業** | 전할 유, 업 업[work left by someone; inheritance] : 사전적 의미는 선대로부터 물려받은[遺] 사업(事業)이나 성경에서는 '땅', '재산', '자손 대대로 물려주는 것'을 의미.

4절 악을 행하는 자는 궤사한 입술을 잘 듣고 거짓말을 하는 자는 악한 혀에 귀를 기울이느니라.

5절 가난한 자를 조롱하는 자는 이를 지으신 주를 멸시하는 자요 사람의 재앙을 기뻐하는 자는 형벌을 면치 못할 자니라.

6절 손자는 노인의 면류관이요 아비는 자식의 영화니라.

7절 분외의 말을 하는 것도 미련한

속뜻단어 풀이
- **조롱 嘲弄** | 비웃을 조, 희롱할 롱[ridicule; laugh at] : 비웃거나[嘲] 깔보면서 놀림[弄].
- **분외 分外** | 나눌 분, 바깥 외[undeserved] : 제 분수 이상.

자에게 합당치 아니하거든 하물며 거짓
말을 하는 것이 존귀한 자에게 합당하
겠느냐?
8절 뇌물은 임자의 보기에 보석 같
은즉 어디로 향하든지 형통케 하느니라.
9절 허물을 덮어 주는 자는 사랑을
구하는 자요 그것을 거듭 말하는 자는
친한 벗을 이간하는 자니라.
10절 한 마디로 총명한 자를 경계하
는 것이 매 백개로 미련한 자를 때리

속뜻단어 풀이

- **합당 合當** | 합할 합, 적당할 당[suitable] : 어떤 기준이나 조건에 부합(符合)하여 적당(適當)하다.
- **임자** | [owner] : 물건을 소유한 사람.

는 것보다 더욱 깊이 박이느니라.

11절 악한 자는 반역만 힘쓰나니 그러므로 그에게 잔인한 사자가 보냄을 입으리라.

12절 차라리 새끼 빼앗긴 암곰을 만날지언정 미련한 일을 행하는 미련한 자를 만나지 말 것이니라.

13절 누구든지 악으로 선을 갚으면 악이 그 집을 떠나지 아니하리라.

14절 다투는 시작은 방축에서 물이

속뜻단어 풀이

- **반역 叛逆** | =反逆 배반할 반, 거스를 역[rise in revolt; rebel (against)] : 배반(背叛)하여 돌아섬[逆].
- **방축 防築** | 막을 방, 쌓을 축[dam; dike] : 물이 밀려들어오는 것을 막기[防] 위하여 쌓은[築] 둑. '방죽'의 원말.

새는 것 같은즉 싸움이 일어나기 전에
시비를 그칠 것이니라.
15절 악인을 의롭다 하며 의인을 악
하다 하는 이 두 자는 다 여호와의
미워하심을 입느니라.
16절 미련한 자는 무지하거늘 손에
값을 가지고 지혜를 사려 함은 어찜인
고?
17절 친구는 사랑이 끊이지 아니하고
형제는 위급한 때까지 위하여 났느니라.

속뜻단어 풀이
- **무지 無知** | 없을 무, 알 지[stupid] : 아는[知] 바가 없음[無].
- **위급 危急** | 위태할 위, 급할 급[critical; urgent] : 위태(危殆)롭고 급박(急迫)함.

18절 지혜 없는 자는 남의 손을 잡고 그 이웃 앞에서 보증이 되느니라.

19절 다툼을 좋아하는 자는 죄과를 좋아하는 자요 자기 문을 높이는 자는 파괴를 구하는 자니라.

20절 마음이 사특한 자는 복을 얻지 못하고 혀가 패역한 자는 재앙에 빠지느니라.

21절 미련한 자를 낳는 자는 근심을 당하나니 미련한 자의 아비는 낙이 없

속뜻단어 풀이
- **죄과 罪過** | 죄 죄, 허물 과[crime, sin] : 죄[罪]가 될 만한 과오[過誤].
- **사특 邪慝** | 간사할 사, 사악할 특[(be) wicked; vicious; villainous] : 간사하고[邪] 악함[慝].

느니라.

22절 마음의 즐거움은 양약이라도 심령의 근심은 뼈로 마르게 하느니라.

23절 악인은 사람의 품에서 뇌물을 받고 재판을 굽게 하느니라.

24절 지혜는 명철한 자의 앞에 있거늘 미련한 자는 눈을 땅 끝에 두느니라.

25절 미련한 아들은 그 아비의 근심이 되고 그 어미의 고통이 되느니라.

속뜻단어 풀이

- **재판 裁判** | 결단할 재, 판가름할 판[administer justice; judge] : ①옳고 그름을 따져[裁] 판단(判斷)함. ②구체적인 소송 사건을 해결하기 위하여 법원 또는 법관이 공권적 판단을 내리는 일.
- **뇌물 賂物** | 뇌물 줄 뇌, 재물 물[bribe] : 직권을 이용하여 특별한 편의를 보아 달라는 뜻으로 주는[賂] 부정한 금품[物].

26절 의인을 벌하는 것과 귀인을 정직하다고 때리는 것이 선치 못하니라.

27절 말을 아끼는 자는 지식이 있고 성품이 안존한 자는 명철하니라.

28절 미련한 자라도 잠잠하면 지혜로운 자로 여기우고 그 입술을 닫히면 슬기로운 자로 여기우느니라.

속뜻단어 풀이

- **귀인 貴人** | 귀인 귀, 사람 인[noble man] : ①사회적 지위가 높은[貴] 사람[人]. ②조선 시대에, 왕의 후궁에게 내리던 종일품 내명부의 봉작.
- **안존 安存** | 편안할 안, 있을 존[quiet and gentle; be at ease] : ①아무런 탈 없이 평안(平安)하게 지냄[存]. ②성품이 얌전하고 조용함.

묵상노트 필사하면서 느꼈던 점이나 암송하고 싶은 구절, 다시 되새겨보고 싶은 구절을 적어보세요.

잠언 18장

1절 무리에게서 스스로 나뉘는 자는 자기 소욕을 따르는 자라. 온갖 참 지혜를 배척하느니라.

2절 미련한 자는 명철을 기뻐하지 아니하고 자기의 의사를 드러내기만 기뻐하느니라.

3절 악한 자가 이를 때에는 멸시도 따라오고 부끄러운 것이 이를 때에는 능욕도 함께 오느니라.

속뜻단어 풀이

- **배척 排斥** | 물리칠 배, 물리칠 척[exclude; ostracize] : 반대하여 물리침[排=斥].
- **의사 意思** | 뜻 의, 생각 사[idea; thought; mind] : 무엇을 하고자 하는 뜻[意]과 생각[思].

4절 명철한 사람의 입의 말은 깊은 물과 같고 지혜의 샘은 솟쳐 흐르는 내와 같으니라.

5절 악인을 두호하는 것과 재판할 때에 의인을 억울하게 하는 것이 선하지 아니하니라.

6절 미련한 자의 입술은 다툼을 일으키고 그 입은 매를 자청하느니라.

7절 미련한 자의 입은 그의 멸망이 되고 그 입술은 그의 영혼의 그물이

속뜻단어 풀이

- **두호 斗護** | 말 두, 보호할 호[show favoritism] : 남을 두둔하여 보호(保護)함.
- **멸망 滅亡** | 없앨 멸, 망할 망[fall; collapse] : 망[亡]하여 없어짐[滅].

되느니라.
8절 남의 말하기를 좋아하는 자의
말은 별식과 같아서 뱃속 깊은데로 내
려가느니라.
9절 자기의 일을 게을리하는 자는
패가하는 자의 형제니라.
10절 여호와의 이름은 견고한 망대라.
의인은 그리로 달려가서 안전함을 얻느
니라.
11절 부자의 재물은 그의 견고한 성

속뜻단어 풀 이

- **패가 敗家** | 무너질 패, 집 가[ruin one's family] : 집안[家]을 무너뜨림[敗].
- **망대 望臺** | 바라볼 망, 돈대 대[watchtower] : 적이나 주위의 동정을 살피기[望] 위하여 높이 세운 곳[臺].

이라. 그가 높은 성벽 같이 여기느니라.

12절 사람의 마음의 교만은 멸망의 선봉이요 겸손은 존귀의 앞잡이니라.

13절 사연을 듣기 전에 대답하는 자는 미련하여 욕을 당하느니라.

14절 사람의 심령은 그 병을 능히 이기려니와 심령이 상하면 그것을 누가 일으키겠느냐?

15절 명철한 자의 마음은 지식을 얻

속뜻단어 풀이

- **교만 驕慢** | 교만할 교, 거만할 만[arrogance; haughtiness] : 잘난 체하며 뽐내고[驕] 건방짐[慢].
- **사연 事緣** | 일 사, 까닭 연[(fully) story; reasons] : 일[事]이 그렇게 된 까닭[緣由].

고 지혜로운 자의 귀는 지식을 구하느니라.
16절 선물은 그 사람의 길을 너그럽게 하며 또 존귀한 자의 앞으로 그를 인도하느니라.
17절 송사에 원고의 말이 바른 것 같으나 그 피고가 와서 밝히느니라.
18절 제비 뽑는 것은 다툼을 그치게 하여 강한 자 사이에 해결케 하느니라.
19절 노엽게 한 형제와 화목하기가

속뜻단어 풀이

- **원고 原告** | 근원 원, 아뢸 고[plaintiff; suitor] : ①원래(原來) 고소(告訴)한 사람. ②법원에 민사소송을 제기하여 재판을 청구한 사람.
- **피고 被告** | 당할 피, 알릴 고[defendant; accused] : ①고발(告發)을 당함[被]. ②민사 소송에서, 소송을 당한 쪽의 당사자.

년 월 일

견고한 성을 취하기보다 어려운즉 이러
한 다툼은 산성 문빗장 같으니라.
20절 사람은 입에서 나오는 열매로하
여 배가 부르게 되나니 곧 그 입술에
서 나는 것으로하여 만족하게 되느니라.
21절 죽고 사는 것이 혀의 권세에
달렸나니 혀를 쓰기 좋아하는 자는 그
열매를 먹으리라.
22절 아내를 얻는 자는 복을 얻고
여호와께 은총을 받는 자니라.

속뜻단어 풀이

- **문빗장 門--** | 문 문 --[a door latch; a gate bar] : 문을 닫고 가로질러 잠그는 막대기 쇠장대.
- **권세 權勢** | 권세 권, 기세 세[power; influence] : 권력(權力)과 세력(勢力)을 아울러 이르는 말.

년 월 일

23절 가난한 자는 간절한 말로 구하여도 부자는 엄한 말로 대답하느니라.

24절 많은 친구를 얻는 자는 해를 당하게 되거니와 어떤 친구는 형제보다 친밀하니라.

속뜻단어 풀이

- **간절 懇切** | 정성 간, 절실할 절[be eager; sincere] : 정성스럽고[懇] 절실[切實]하다.
- **친밀 親密** | 친할 친, 가까울 밀[closeness; intimacy] : 지내는 사이가 아주 친하고[親] 가까움[密]. 친근(親近).

년 월 일

묵상노트 필사하면서 느꼈던 점이나 암송하고 싶은 구절, 다시 되새겨보고 싶은 구절을 적어보세요.

잠언 19장

1절 성실히 행하는 가난한 자는 입술이 패려하고 미련한 자보다 나으니라.

2절 지식 없는 소원은 선치 못하고 발이 급한 사람은 그릇하느니라.

3절 사람이 미련하므로 자기 길을 굽게 하고 마음으로 여호와를 원망하느니라.

4절 재물은 많은 친구를 더하게 하나 가난한즉 친구가 끊어지느니라.

속뜻단어 풀이

- **원망 怨望** | 미워할 원, 바랄 망[blame; resent] : 바란[望] 대로 되지 않아 미워하거나[怨] 분하게 여김.
- **재물 財物** | 재물 재, 만물 물[property; effects; goods] : 재산(財産)이 될 만한 물건(物件).

5절 거짓 증인은 벌을 면치 못할
것이요 거짓말을 내는 자도 피치 못하
리라.
6절 너그러운 사람에게는 은혜를 구
하는 자가 많고 선물을 주기를 좋아하
는 자에게는 사람마다 친구가 되느니라
7절 가난한 자는 그 형제들에게도
미움을 받거든 하물며 친구야 그를 멀
리 아니하겠느냐? 따라가며 말하려 할
지라도 그들이 없어졌으리라.

속뜻단어 풀이

- **증인 證人** | 증거 증, 사람 인[witness] : 어떤 사실을 증명(證明)하는 사람.
- **은혜 恩惠** | 은혜 은, 은혜 혜[grace] : ①자연이나 남에게서 받는 고마운 혜택[恩=惠]. ②하나님이 인간에게 베푸는 사랑을 이름.

년 월 일

8절 지혜를 얻는 자는 자기 영혼을 사랑하고 명철을 지키는 자는 복을 얻느니라.

9절 거짓 증인은 벌을 면치 못할 것이요 거짓말을 내는 자는 망할 것이니라.

10절 미련한 자가 사치하는 것이 적당치 못하거든 하물며 종이 방백을 다스림이랴.

11절 노하기를 더디하는 것이 사람의

속뜻단어 풀이

- **사치 奢侈** | 뽐낼 사, 분에 넘칠 치[extravagance; luxury] : 돈이나 물건을 쓰며 뽐내거나[奢] 분수에 넘친[侈] 행동을 함.
- **방백 方伯** | 모 방, 맏 백[prince] : 지도자, 두령을 의미한다.

슬기요 허물을 용서하는 것이 자기의
영광이니라.
12절 왕의 노함은 사자의 부르짖음
같고 그의 은택은 풀 위에 이슬 같으
니라.
13절 미련한 아들은 그 아비의 재앙
이요 다투는 아내는 이어 떨어지는 물
방울이니라.
14절 집과 재물은 조상에게서 상속하
거니와 슬기로운 아내는 여호와께로서

속뜻단어 풀이

- **은택 恩澤** | 은혜 은, 은덕 택[benefit; blessing] : 은혜(恩惠)로운 덕택(德澤).
- **상속 相續** | 서로 상, 이을 속[succeed to; inherit; fall heir to] : ①서로[相] 이어주거나 이어받음[續]. ②일정한 친족 관계가 있는 사람 사이에서 한 사람의 사망으로 다른 사람이 재산에 관한 권리와 의무의 일체를 이어받는 일.

말미암느니라.

15절 게으름이 사람으로 깊이 잠들게 하나니 해태한 사람은 주릴 것이니라.

16절 계명을 지키는 자는 자기의 영혼을 지키거니와 그 행실을 삼가지 아니하는 자는 죽으리라.

17절 가난한 자를 불쌍히 여기는 것은 여호와께 꾸이는 것이니 그 선행을 갚아 주시리라.

18절 네가 네 아들에게 소망이 있은

속뜻단어 풀이

- **해태 懈怠** | 게으를 해, 게으를 태[laziness; slothfulness] : 몹시 게으름[解=怠]. 나태(懶怠).
- **선행 善行** | 착할 선, 행할 행[good conduct] : 착한[善] 행동(行動). 선량한 행실.

즉 그를 징계하고 죽일 마음은 두지
말지니라.
19절 노하기를 맹렬히 하는 자는 벌
을 받을 것이라. 네가 그를 건져 주
면 다시 건져 주게 되리라.
20절 너는 권고를 들으며 훈계를 받
으라. 그리하면 네가 필경은 지혜롭게
되리라.
21절 사람의 마음에는 많은 계획이
있어도 오직 여호와의 뜻이 완전히 서

속뜻단어 풀이

- **징계 懲戒** | 혼낼 징, 경계할 계[punish; reprimand] : ①허물이나 잘못을 뉘우치도록 나무라며 경계(警戒)함. ②부정이나 부당한 행위에 대하여 제재를 가함.
- **권고 勸告** | 권할 권, 알릴 고[advice; counsel] : 어떤 일을 하도록 권(勸)하여 알림[告] 또는 그런 말.

리라.
22절 사람은 그 인자함으로 남에게
사모함을 받느니라. 가난한 자는 거짓
말 하는 자보다 나으니라.
23절 여호와를 경외하는 것은 사람으
로 생명에 이르게 하는 것이라. 경외하
는 자는 족하게 지내고 재앙을 만나지
아니하느니라.
24절 게으른 자는 그 손을 그릇에
넣고도 입으로 올리기를 괴로와하느니라.

속뜻단어 풀이

- **사모 思慕** | 생각 사, 그리워할 모[long for; admire] : ①애틋하게 생각하며[思] 그리워함[慕]. ②우러러 받들며 마음을 따름.
- **재앙 災殃** | 재앙 재, 재앙 앙[calamity; woes] : 천변지이(天變地異) 따위로 말미암은 불행한 변고[災=殃].

25절 거만한 자를 때리라. 그리하면 어리석은 자도 경성하리라. 명철한 자를 견책하라. 그리하면 그가 지식을 얻으리라.

26절 아비를 구박하고 어미를 쫓아내는 자는 부끄러움을 끼치며 능욕을 부르는 자식이니라.

27절 내 아들아 지식의 말씀에서 떠나게 하는 교훈을 듣지 말지니라.

28절 망령된 증인은 공의를 업신여

속뜻단어 풀이

- **구박 驅迫** | 몰 구, 다그칠 박[treat badly; abuse] : 몰아붙이고[驅] 다그침[迫]. 못 견디게 괴롭힘.
- **망령 妄靈** | 허망할 망, 신령 령[dotage; senility] : 늙거나 충격으로 정신[靈]이 흐려[妄] 이상한 상태.

기고 악인의 입은 죄악을 삼키느니라.
29절 심판은 거만한 자를 위하여 예
비된 것이요 채찍은 어리석은 자의 등
을 위하여 예비된 것이니라.

속뜻단어 풀이

- **심판 審判** | 살필 심, 판가름할 판[judge] : 문제가 되는 안건을 심의(審議)하여 판결(判決)을 내리는 일.
- **예비 豫備** | 미리 예, 갖출 비[prepare for; reserve] : 미리[豫] 마련하거나 갖추어 놓음[備]. 또는 미리 갖춘 준비.

년 월 일

묵상노트 필사하면서 느꼈던 점이나 암송하고 싶은 구절, 다시 되새겨보고 싶은 구절을 적어보세요.

잠언 20장

1절 포도주는 거만케 하는 것이요 독주는 떠들게 하는 것이라. 무릇 이에 미혹되는 자에게는 지혜가 없느니라.

2절 왕의 진노는 사자의 부르짖음 같으니 그를 노하게 하는 것은 자기의 생명을 해하는 것이니라.

3절 다툼을 멀리 하는 것이 사람에게 영광이어늘 미련한 자마다 다툼을 일으키느니라.

속뜻단어 풀이

- **미혹 迷惑** | 미혹할 미, 미혹할 혹[delusion; confusion; bewilderment] : ①마음이 흐려서[迷] 무엇에 홀림[惑]. ②정신이 헷갈려 갈팡질팡 헤맴.
- **영광 榮光** | 영화 영, 빛 광[glory] : 빛[光]나고 아름다운 영예(榮譽).

4절 게으른 자는 가을에 밭 갈지 아니하나니 그러므로 거둘 때에는 구걸할지라도 얻지 못하리라.

5절 사람의 마음에 있는 모략은 깊은 물 같으니라. 그럴지라도 명철한 사람은 그것을 길어 내느니라.

6절 많은 사람은 각기 자기의 인자함을 자랑하나니 충성된 자를 누가 만날 수 있으랴

7절 완전히 행하는 자가 의인이라.

속뜻단어 풀이
- **구걸 求乞** | 구할 구, 빌 걸[beg] : 거저 달라고[求] 빎[乞].
- **모략 謀略** | 꾀할 모, 꾀할 략[stratagem; trick] : 남을 해치려고 꾸미는[謀] 계략[計略].

그 후손에게 복이 있느니라.

8절 심판 자리에 앉은 왕은 그 눈으로 모든 악을 흩어지게 하느니라.

9절 내가 내 마음을 정하게 하였다 내 죄를 깨끗하게 하였다 할 자가 누구뇨?

10절 한결 같지 않은 저울 추와 말은 다 여호와께서 미워하시느니라.

11절 비록 아이라도 그 동작으로 자기의 품행의 청결하며 정직한 여부를

속뜻단어 풀이

- **후손 後孫** | 뒤 후, 손자 손[descendants; posterity] : 여러 대가 지난 뒤[後]의 자손(子孫).
- **품행 品行** | 품격 품, 행할 행[conduct; behavior] : 성품(性品)과 행실(行實).
- **여부 與否** | 허락할 여, 아닐 부[yes or no; whether or not] : 허락함[與]과 아니함[否]. 그러함과 그러하지 아니함.

나타내느니라.

12절 듣는 귀와 보는 눈은 다 여호와의 지으신 것이니라.

13절 너는 잠자기를 좋아하지 말라. 네가 빈궁하게 될까 두려우니라. 네 눈을 뜨라. 그리하면 양식에 족하리라.

14절 사는 자가 물건이 좋지 못하다 좋지 못하다 하다가 돌아간 후에는 자랑하느니라.

15절 세상에 금도 있고 진주도 많거

속뜻단어 풀이
- **빈궁 貧窮** | 가난할 빈, 곤궁 궁[destitution; poverty] : 생활이 몹시 가난하여[貧] 곤궁(困窮)함.
- **양식 糧食** | 양식 양, 먹을 식[provisions] : 생존을 위하여 필요한 사람의 먹을거리[糧=食].

니와 지혜로운 입술이 더욱 귀한 보배
니라.
16절 타인을 위하여 보증이 된 자의
옷을 취하라. 외인들의 보증이 된 자
는 그 몸을 볼모잡힐지니라.
17절 속이고 취한 식물은 맛이 좋은
듯하나 후에는 그 입에 모래가 가득하
게 되리라.
18절 무릇 경영은 의논함으로 성취하
나니 모략을 베풀고 전쟁할지니라.

속뜻단어 풀이
- **보배** | [treasure; valuables] : ①귀중한 물건. ②소중한 사람이나 물건의 비유.
- **볼모** | [hostage] : 약속 이행의 담보로 상대편에 잡혀 두는 사람이나 물건.

19절 두루 다니며 한담하는 자는 남의 비밀을 누설하나니 입술을 벌린 자를 사귀지 말지니라.

20절 자기의 아비나 어미를 저주하는 자는 그 등불이 유암 중에 꺼짐을 당하리라.

21절 처음에 속히 잡은 산업은 마침내 복이 되지 아니하느니라.

22절 너는 악을 갚겠다 말하지 말고 여호와를 기다리라. 그가 너를 구원하

속뜻단어 풀이

- **한담 閑談** | 한가할 한, 말씀 담[gossip; chat] : ①한가(閑暇)해서 심심풀이로 하는 이야기[談]. ②그다지 긴요하지 않은 이야기.
- **유암 幽暗** | 그윽할 유, 어두울 암[deep darkness] : 그윽하고[幽] 어두컴컴함[暗].
- **산업 産業** | 낳을 산, 일 업[industry] : 무엇을 생산(生産)하는 일[業]. 또는 그러한 업종(業種).

년 월 일

시리라.

23절 한결 같지 않은 저울 추는 여호와의 미워하시는 것이요 속이는 저울은 좋지 못한 것이니라.

24절 사람의 걸음은 여호와께로서 말미암나니 사람이 어찌 자기의 길을 알 수 있으랴

25절 함부로 이 물건을 거룩하다 하여 서원하고 그 후에 살피면 그것이 그물이 되느니라.

속뜻단어 풀이

- **한결 같다** | [unchanging, unvarying, constant, same] : ①처음부터 끝까지 변함없이 꼭 같다. ②여럿이 모두 꼭 같이 하나와 같다.
- **한결** | [still more] : 전에 비하여 한층 더. 훨씬.
- **서원 誓願** | 맹세할 서, 원할 원[vow; pledge; oath] : 자기가 하고자 하는 일을 신에게 맹세하고[誓] 그것이 이루어지기를 기원(祈願)함. 또는 그 기원.

26절 지혜로운 왕은 악인을 키질하며 타작하는 바퀴로 그 위에 굴리느니라.

27절 사람의 영혼은 여호와의 등불이라. 사람의 깊은 속을 살피느니라.

28절 왕은 인자와 진리로 스스로 보호하고 그 위도 인자함으로 말미암아 견고하니라.

29절 젊은 자의 영화는 그 힘이요 늙은 자의 아름다운 것은 백발이니라.

속뜻단어 풀이

- **타작 打作** | 칠 타, 일할 작[threshing] : 볏단 따위를 두드려[打] 곡식을 떠는 일[作].
- **진리 眞理** | 참 진, 이치 리[truth; fact] : 참된[眞] 이치(理致). 또는 참된 도리.

30절 상하게 때리는 것이 악을 없이 하나니 매는 사람의 속에 깊이 들어가느니라.

년 월 일

묵상노트 필사하면서 느꼈던 점이나 암송하고 싶은 구절, 다시 되새겨보고 싶은 구절을 적어보세요.

잠언 21장

1절 왕의 마음이 여호와의 손에 있음이 마치 보의 물과 같아서 그가 임의로 인도하시느니라.

2절 사람의 행위가 자기 보기에는 모두 정직하여도 여호와는 심령을 감찰하시느니라.

3절 의와 공평을 행하는 것은 제사 드리는 것보다 여호와께서 기쁘게 여기시느니라.

속뜻단어 풀이

• **보 洑** | 보 보[dammed pool for irrigation; reservoir] : 논에 물을 대기 위하여 둑을 쌓고 흐르는 냇물을 막아 두는 곳.
• **감찰 監察** | 볼 감, 살필 찰[inspection] : 단체의 규율과 구성원의 행동을 감독하여 살핌.

4절 눈이 높은 것과 마음이 교만한 것과 악인의 형통한 것은 다 죄니라.

5절 부지런한 자의 경영은 풍부함에 이를 것이나 조급한 자는 궁핍함에 이를 따름이니라.

6절 속이는 말로 재물을 모으는 것은 죽음을 구하는 것이라. 곧 불려다니는 안개니라.

7절 악인의 강포는 자기를 소멸하나니 이는 공의 행하기를 싫어함이니라.

속뜻단어 풀이

- **조급 躁急** | 성급할 조, 급할 급[quick-temper] : 참을성 없이 매우 급함[躁=急].
- **소멸 消滅** | 사라질 소, 없앨 멸[disappearance; extinction] : 사라져(消) 없어짐[滅].

8절 죄를 크게 범한 자의 길은 심히 구부러지고 깨끗한 자의 길은 곧으니라.

9절 다투는 여인과 함께 큰 집에서 사는 것보다 움막에서 혼자 사는 것이 나으니라.

10절 악인의 마음은 남의 재앙을 원하나니 그 이웃도 그 앞에서 은혜를 입지 못하느니라.

11절 거만한 자가 벌을 받으면 어리

속뜻단어 풀이

- **움막 움幕** | – 막 막[rudely made underground hut; dugout hut] : 땅을 파고 위에 거적 따위를 얹고 흙을 덮어 추위나 비바람만 가릴 정도로 임시로 지은 집[幕].
- **은혜 恩惠** | 은혜 은, 은혜 혜[grace] : ①자연이나 남에게서 받는 고마운 혜택[恩=惠]. ②하나님이 인간에게 베푸는 사랑을 이름.

석은 자는 경성하겠고 지혜로운 자가
교훈을 받으면 지식이 더 하리라.
12절 의로우신 자는 악인의 집을 감
찰하시고 악인을 환난에 던지시느니라.
13절 귀를 막아 가난한 자의 부르짖
는 소리를 듣지 아니하면 자기의 부르
짖을 때에도 들을 자가 없으리라.
14절 은밀한 선물은 노를 쉬게 하고
품의 뇌물은 맹렬한 분을 그치게 하느
니라.

속뜻단어 풀이
- **경성 警醒** | 깨우칠 경, 깨우칠 성[awakening, waking up] : ①깨우치는 것[警=醒]. ②정신을 차려 그릇된 행동을 하지 않도록 타일러 깨우침.
- **은밀 隱密** | 숨길 은, 비밀 밀[secret; covert] : 숨어[隱] 있어서 겉에 드러나지 아니하다[密].

년 월 일

15절 공의를 행하는 것이 의인에게는 즐거움이요 죄인에게는 패망이니라.

16절 명철의 길을 떠난 사람은 사망의 회중에 거하리라.

17절 연락을 좋아하는 자는 가난하게 되고 술과 기름을 좋아하는 자는 부하게 되지 못하느니라.

18절 악인은 의인의 대속이 되고 궤사한 자는 정직한 자의 대신이 되느니라.

속뜻단어 풀이

- **회중 會衆** | 모일 회, 무리 중[audience; congregation] : 많이 모인[會] 군중(群衆).
- **대속 代贖** | 대신할 대, 속죄할 속[ransom; redeem] : 남의 죄를 대신(代身) 갚음[贖].

19절 다투며 성내는 여인과 함께 사
는 것보다 광야에서 혼자 사는 것이
나으니라.
20절 지혜 있는 자의 집에는 귀한
보배와 기름이 있으나 미련한 자는 이
것을 다 삼켜 버리느니라.
21절 의와 인자를 따라 구하는 자는
생명과 의와 영광을 얻느니라.
22절 지혜로운 자는 용사의 성에 올
라가서 그 성의 견고히 의뢰하는 것을

속뜻단어 풀이

- **광야 曠野** | = 廣野, 넓을 광, 들 야[wide vast plain] : 광활(曠闊)한 벌판[野]. 텅 비고 아득히 넓은 들.
- **영광 榮光** | 영화 영, 빛 광[glory] : 빛[光]나고 아름다운 영예(榮譽).

파하느니라.

23절 입과 혀를 지키는 자는 그 영혼을 환난에서 보전하느니라.

24절 무례하고 교만한 자를 이름하여 망령된 자라 하나니 이는 넘치는 교만으로 행함이니라.

25절 게으른 자의 정욕이 그를 죽이나니 이는 그 손으로 일하기를 싫어함이니라.

26절 어떤 자는 종일토록 탐하기만

속뜻단어 풀이
- **무례 無禮** | 없을 무, 예도 례[impolite; rude] : 예의(禮義)가 없거나[無] 그에 맞지 않음. 버릇없음.
- **정욕 情欲** | 뜻 정, 욕구 욕[desire, craving] : 마음[情] 속에 일어나는 여러 가지 욕구[欲求].

하나 의인은 아끼지 아니하고 시제하느
니라.
27절 악인의 제물은 본래 가증하거든
하물며 악한 뜻으로 드리는 것이랴
28절 거짓 증인은 패망하려니와 확실
한 증인의 말은 힘이 있느니라.
29절 악인은 그 얼굴을 굳게 하나
정직한 자는 그 행위를 삼가느니라.
30절 지혜로도, 명철로도, 모략으로
도 여호와를 당치 못하느니라.

속뜻단어 풀이

- **가증 可憎** | 가히 가, 미워할 증[hateful; wretched] : 가히[可] 미워할[憎] 만큼 얄밉다.
- **행위 行爲** | 행할 행, 할 위[act] : 행동(行動)을 함[爲]. 특히, 자유의사에 따라서 하는 행동을 이른다.

년 월 일

31절 싸울 날을 위하여 마병을 예비하거니와 이김은 여호와께 있느니라.

속뜻단어 풀이

• **마병 馬兵** | 말 마, 병사 병[charioteer] : 말[馬]을 타고 싸우는 병사[兵].

묵상노트 필사하면서 느꼈던 점이나 암송하고 싶은 구절, 다시 되새겨보고 싶은 구절을 적어보세요.

년 월 일

잠언 22장

1절 많은 재물보다 명예를 택할 것이요 은이나 금보다 은총을 더욱 택할 것이니라.

2절 빈부가 섞여 살거니와 무릇 그들을 지으신 이는 여호와시니라.

3절 슬기로운 자는 재앙을 보면 숨어 피하여도 어리석은 자들은 나아가다가 해를 받느니라.

4절 겸손과 여호와를 경외함의 보응

속뜻단어 풀이

- **명예 名譽** | 이름 명, 기릴 예[honor; glory] : 명성(名聲)과 영예(榮譽). 세상에서 훌륭하다고 인정되는 이름이나 칭찬. 또는 그런 품위.
- **은총 恩寵** | 인정 은, 영예 총[favor; grace] : ①높은 사람이 베푼 인정[恩]과 각별한 사랑[寵], ②하나님이 인간에게 내리는 은혜를 이르는 말.

은 재물과 영광과 생명이니라.
5절 패역한 자의 길에는 가시와 올
무가 있거니와 영혼을 지키는 자는 이
를 멀리 하느니라.
6절 마땅히 행할 길을 아이에게 가
르치라. 그리하면 늙어도 그것을 떠나
지 아니하리라.
7절 부자는 가난한 자를 주관하고
빚진 자는 채주의 종이 되느니라.
8절 악을 뿌리는 자는 재앙을 거두

속뜻단어 풀이

- **주관 主管** | 주될 주, 맡을 관[manage; be in charge of] : 어떤 일에 중심이 되어[主] 맡아 관리(管理)함.
- **채주 債主** | 빚 채, 주인 주[creditor] : 빚[債]을 준 사람[主].

리니 그 분노의 기세가 쇠하리라.
9절 선한 눈을 가진 자는 복을 받
으리니 이는 양식을 가난한 자에게 줌
이니라.
10절 거만한 자를 쫓아내면 다툼이
쉬고 싸움과 수욕이 그치느니라.
11절 마음의 정결을 사모하는 자의
입술에는 덕이 있으므로 임금이 그의
친구가 되느니라.
12절 여호와께서는 지식 있는 자를

속뜻단어 풀이
- **기세 氣勢** | 기운 기, 기세 세[spirit; enthusiasm] : 기운(氣運)차게 내뻗는 형세(形勢).
- **수욕 受辱** | 받을 수, 욕될 욕[humiliation; shame; disgrace] : 남에게 모욕(侮辱)을 당함[受].

그 눈으로 지키시나 궤사한 자의 말은
패하게 하시느니라.
13절 게으른 자는 말하기를 사자가
밖에 있은즉 내가 나가면 거리에서 찢
기겠다 하느니라.
14절 음녀의 입은 깊은 함정이라.
여호와의 노를 당한 자는 거기 빠지리
라.
15절 아이의 마음에는 미련한 것이
얽혔으나 징계하는 채찍이 이를 멀리

속뜻단어 풀이
- **궤사 詭詐** | 속일 궤, 속일 사[deceit] : 간사스러운 거짓으로 남을 교묘하게 속임.
- **함정 陷穽** | 빠질 함, 허방다리 정[trap] : 벗어날 수 없는 곤경이나 계략.

쫓아내리라.

16절 이를 얻으려고 가난한 자를 학대하는 자와 부자에게 주는 자는 가난하여질 뿐이니라.

17절 너는 귀를 기울여 지혜 있는 자의 말씀을 들으며 내 지식에 마음을 둘지어다.

18절 이것을 네 속에 보존하며 네 입술에 있게 함이 아름다우니라.

19절 내가 너로 여호와를 의뢰하게

속뜻단어 풀이
- **학대 虐待** | 혹독할 학, 대접할 대[oppress] : 혹독하게[虐] 대우(待遇)함. 심하게 괴롭힘. 구박.
- **보존 保存** | 지킬 보, 있을 존[preserve; conserve] : 잘 보호(保護)하고 간수하여 남김[存].

하려 하여 이것을 오늘 특별히 네게
알게 하였노니
20절 내가 모략과 지식의 아름다운
것을 기록하여
21절 너로 진리의 확실한 말씀을 깨
닫게 하며 또 너를 보내는 자에게 진
리의 말씀으로 회답하게 하려 함이
아니냐?
22절 약한 자를 약하다고 탈취하지
말며 곤고한 자를 성문에서 압제하지

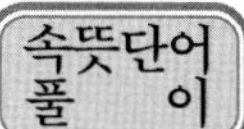

- **회답 回答** | 돌아올 회, 답할 답[reply; answer] : ①돌아온[回] 대답(對答). ②물음이나 편지 따위에 반응함. 또는 그런 반응.
- **곤고 困苦** | 곤할 곤, 쓸 고[hardships; privations; sufferings] : 형편이나 처지 따위가 곤란(困難)하고 고통(苦痛)스러움.
- **압제 壓制** | 누를 압, 억제할 제[oppression; repression] : 권력이나 폭력으로 남을 꼼짝 못하게 눌러[壓] 제압[制壓]함.

말라.

23절 대저 여호와께서 신원하여 주시고 또 그를 노략하는 자의 생명을 빼앗으시리라.

24절 노를 품는 자와 사귀지 말며 울분한 자와 동행하지 말지니

25절 그 행위를 본받아서 네 영혼을 올무에 빠질까 두려움이니라.

26절 너는 사람으로 더불어 손을 잡지 말며 남의 빗에 보증이 되지 말라.

속뜻단어 풀이

- **노략 擄掠** | 사로잡을 로, 노략질할 략[plunder] : 사람을 사로잡고[擄] 재물을 마구 빼앗아[掠] 감.
- **보증 保證** | 지킬 보, 증거 증[guarantee; vouch for] : 어떤 사물이나 사람에 대하여 책임지고[保] 틀림이 없음을 증명(證明)함.

27절 만일 갚을 것이 없으면 네 누운 침상도 빼앗길 것이라. 네가 어찌 그리하겠느냐?

28절 네 선조의 세운 옛 지계석을 옮기지 말지니라.

29절 네가 자기 사업에 근실한 사람을 보았느냐? 이러한 사람은 왕 앞에 설 것이요 천한 자 앞에 서지 아니하리라.

속뜻단어 풀이

- **지계석 地界石** | 땅 지, 지경 계, 돌 석[boundary stone] : 나라나 지역(地域) 따위의 구간을 가르는 경계(境界)를 표시하여 소유권을 나타내는 돌.
- **근실 勤實** | 부지런 할 근, 열매 실[diligence; skill] : 부지런하고[勤] 착실(着實)함.

년 월 일

묵상노트 필사하면서 느꼈던 점이나 암송하고 싶은 구절, 다시 되새겨보고 싶은 구절을 적어보세요.

잠언 23장

1절 네가 관원과 함께 앉아 음식을 먹게 되거든 삼가 네 앞에 있는 자가 누구인지 생각하며

2절 네가 만일 탐식자여든 네 목에 칼을 둘 것이니라.

3절 그 진찬을 탐하지 말라. 그것은 간사하게 베푼 식물이니라.

4절 부자 되기에 애쓰지 말고 네 사사로운 지혜를 버릴지어다.

속뜻단어 풀이
- **관원 官員** | 벼슬 관, 사람 원[government official] : 벼슬[官]에 있는 사람[員].
- **간사 奸邪** | 간교할 간, 어긋날 사[wicked] : 성질이 간교(奸巧)하고 행실이 바르지 못하다[邪].

년 월 일

5절 네가 어찌 허무한 것에 주목하겠느냐? 정녕히 재물은 날개를 내어 하늘에 나는 독수리처럼 날아가리라.

6절 악한 눈이 있는 자의 음식을 먹지 말며 그 진찬을 탐하지 말지어다.

7절 대저 그 마음의 생각이 어떠하면 그 위인도 그러한즉 그가 너더러 먹고 마시라 할지라도 그 마음은 너와 함께하지 아니함이라.

8절 네가 조금 먹은 것도 토하겠고

속뜻단어 풀이

- **진찬 珍饌** | 보배 진, 반찬 찬[food] : 진귀하고 맛이 좋은 음식.
- **대저 大抵** | 큰 대, 거스를 저[in general] : 대체(大體)로 보아서[抵]. 무릇.

네 아름다운 말도 헛된데로 돌아가리라.
9절 미련한 자의 귀에 말하지 말지
니 이는 그가 네 지혜로운 말을 업신
여길 것임이니라.
10절 옛 지계석을 옮기지 말며 외로
운 자식의 밭을 침범하지 말지어다.
11절 대저 그들의 구속자는 강하시니
너를 대적하사 그 원을 펴시리라.
12절 훈계에 착심하며 지식의 말씀에
귀를 기울이라.

속뜻단어 풀이

- **침범 侵犯** | 침노할 침, 범할 범[invasion; violation] : 남의 권리나 영토 따위를 침노(侵擄)하여 범(犯)하거나 해침.
- **착심 着心** | 붙을 착, 마음 심[apply] : 어떠한 일에 마음[心]을 붙임[着].

13절 아이를 훈계하지 아니치 말라.
채찍으로 그를 때릴지라도 죽지 아니하
리라.
14절 그를 채찍으로 때리면 그 영혼
을 음부에서 구원하리라.
15절 내 아들아 만일 네 마음이 지
혜로우면 나 곧 내 마음이 즐겁겠고
16절 만일 네 입술이 정직을 말하면
내 속이 유쾌하리라.
17절 네 마음으로 죄인의 형통을 부

속뜻단어 풀이

- **구원 救援** | 건질 구, 당길 원[rescue; salvation] : ①물에 빠진 사람을 건져주기[救] 위해 잡아당김[援]. ②인류를 죽음과 고통과 죄악에서 건져내는 일.
- **유쾌 愉快** | 즐거울 유, 쾌할 쾌[cheerful; jolly] : 마음이 즐겁고[愉] 상쾌(爽快)함.

려워하지 말고 항상 여호와를 경외하라.
18절 정녕히 네 장래가 있겠고 네
소망이 끊어지지 아니하리라.
19절 내 아들아 너는 듣고 지혜를
얻어 네 마음을 정로로 인도할지니라.
20절 술을 즐겨하는 자와 고기를 탐
하는 자로 더불어 사귀지 말라.
21절 술 취하고 탐식하는 자는 가난
하여질 것이요 잠 자기를 즐겨하는 자
는 해어진 옷을 입을 것임이니라.

속뜻단어 풀이

- **정로 正路** | 바를 정, 길 로[right path] : 올바른[正] 길[路]. 또는 정당한 도리.
- **탐식 貪食** | 탐할 탐, 먹을 식[gluttony; voracity] : 음식(飮食)을 탐냄[貪].

년 월 일

22절 너 낳은 아비에게 청종하고 네
늙은 어미를 경히 여기지 말지니라.
23절 진리를 사고서 팔지 말며 지혜
와 훈계와 명철도 그리할지니라.
24절 의인의 아비는 크게 즐거울 것
이요 지혜로운 자식을 낳은 자는 그를
인하여 즐거울 것이니라.
25절 네 부모를 즐겁게 하며 너 낳
은 어미를 기쁘게 하라.
26절 내 아들아 네 마음을 내게 주

속뜻단어 풀이

- **청종 聽從** | 들을 청, 좇을 종[obeying; listening (to); following] : 이르는 바를 잘 듣고[聽] 좇음[從].
- **명철 明哲** | 밝을 명, 밝을 철[wisdom; sagacity] : 세태(世態)나 사리(事理)에 밝음[明=哲].

며 네 눈으로 내 길을 즐거워할지어다.
27절 대저 음녀는 깊은 구렁이요 이
방 여인은 좁은 함정이라.
28절 그는 강도 같이 매복하며 인간
에 궤사한 자가 많아지게 하느니라.
29절 재앙이 뉘게 있느뇨? 근심이
뉘게 있느뇨? 분쟁이 뉘게 있느뇨?
원망이 뉘게 있느뇨? 까닭 없는 창상
이 뉘게 있느뇨? 붉은 눈이 뉘게 있
느뇨?

속뜻단어 풀이

- **매복 埋伏** | 감출 매, 엎드릴 복[ambush; lie in] : 몰래 몸을 감추고(埋) 엎드려 있음(伏). 적군을 기습하기 위하여 적당한 곳에 숨어서 기다리는 일.
- **분쟁 紛爭** | 어지러울 분, 다툴 쟁[have trouble; have a dispute] : 어떤 말썽 때문에 서로 시끄럽게[紛] 다툼[爭]. 또는 그런 일.
- **창상 創傷** | 상할 창, 상처 상[gash; wound] : 날이 있는 물건에 다친[創] 상처[傷].

30절 술에 잠긴 자에게 있고 혼합한 술을 구하러 다니는 자에게 있느니라.

31절 포도주는 붉고 잔에서 번쩍이며 순하게 내려가나니 너는 그것을 보지도 말지어다.

32절 이것이 마침내 뱀 같이 물 것이요 독사 같이 쏠 것이며

33절 또 네 눈에는 괴이한 것이 보일 것이요 네 마음은 망령된 것을 발할 것이며

속뜻단어 풀이

- **괴이 怪異** | 기이할 괴, 기이할 이[strange; mysterious] : 괴상(怪狀)하고 이상(異狀)하다.
- **망령 妄靈** | 허망할 망, 신령 령[dotage; senility] : 늙거나 충격으로 정신[靈]이 흐려[妄] 이상한 상태.

34절 너는 바다 가운데 누운 자 같을 것이요 돛대 위에 누운 자 같을 것이며

35절 네가 스스로 말하기를 사람이 나를 때려도 나는 아프지 아니하고 나를 상하게 하여도 내게 감각이 없도다 내가 언제나 깰까 다시 술을 찾겠다 하리라.

속뜻단어 풀이

- **돛대** | [mast; stick] : 돛을 달기 위해 뱃바닥에 세운 기둥.
- **감각 感覺** | 느낄 감, 깨달을 각[sense; feeling] : 눈, 귀, 코, 혀, 살갗 등을 통하여 느껴[感] 앎[覺]. 사물의 가치나 변화 등에 대하여 느끼고 깨닫는 정신적 능력.

년 월 일

묵상노트 필사하면서 느꼈던 점이나 암송하고 싶은 구절, 다시 되새겨보고 싶은 구절을 적어보세요.

잠언 24장

1절 너는 악인의 형통을 부러워하지 말며 그와 함께 있기도 원하지 말지어다.

2절 그들의 마음은 강포를 품고 그 입술은 잔해를 말함이니라.

3절 집은 지혜로 말미암아 건축되고 명철로 말미암아 견고히 되며

4절 또 방들은 지식으로 말미암아 각종 귀하고 아름다운 보배로 채우게

속뜻단어 풀이
• **형통 亨通** | 형통할 형, 통할 통[prosper] : 모든 일이 뜻대로 잘 되어[亨] 달통(達通)함.
• **잔해 殘骸** | 남을 잔, 뼈 해[ruins] : 썩거나 타다가 남은[殘] 뼈[骸]. 부서지거나 못쓰게 되어 남아 있는 물체.

되느니라.

5절 지혜 있는 자는 강하고 지식 있는 자는 힘을 더하나니

6절 너는 모략으로 싸우라. 승리는 모사가 많음에 있느니라.

7절 지혜는 너무 높아서 미련한 자의 미치지 못할 것이므로 그는 성문에서 입을 열지 못하느니라.

8절 악을 행하기를 꾀하는 자를 일컬어 사특한 자라 하느니라.

속뜻단어 풀이

- **모략 謀略** | 꾀할 모, 꾀할 략[stratagem; trick] : 남을 해치려고 꾸미는[謀] 계략(計略).
- **모사 謀士** | 꾀할 모, 선비 사[counsellor] : 방법이나 계획을 꾀하는[謀] 사람[士]. 왕의 조언자이자 상담자로 보통 궁중의 관리를 말한다.

9절 미련한 자의 생각은 죄요 거만한 자는 사람의 미움을 받느니라.

10절 네가 만일 환난날에 낙담하면 네 힘의 미약함을 보임이니라.

11절 너는 사망으로 끌려가는 자를 건져주며 살륙을 당하게 된 자를 구원하지 아니치 말라.

12절 네가 말하기를 나는 그것을 알지 못하였노라 할지라도 마음을 저울질하시는 이가 어찌 통찰하지 못하시겠으

속뜻단어 풀이

- **낙담 落膽** | 떨어질 락, 쓸개 담[disappointment]. : ①너무 놀라서 간담(肝膽)이 떨어지는(落) 듯함. ②바라던 일이 뜻대로 되지 않아 마음이 몹시 상함.
- **살륙 殺戮** | 죽일 살, 죽일 륙[kill; massacre] : 사람을 마구 죽임[殺=戮].
- **통찰 洞察** | 꿰뚫을 통, 살필 찰[discern; see through] : 꿰뚫어[洞] 살펴 봄[察].

며 네 영혼을 지키시는 이가 어찌 알지 못하시겠느냐? 그가 각 사람의 행위대로 보응하시리라.
13절 내 아들아 꿀을 먹으라. 이것이 좋으니라. 송이꿀을 먹으라. 이것이 네 입에 다니라.
14절 지혜가 네 영혼에게 이와 같은 줄을 알라. 이것을 얻으면 정녕히 네 장래가 있겠고 네 소망이 끊어지지 아니하리라.

속뜻단어 풀이

- **보응 報應** | 갚을 보, 받을 응[retribution; reward] : 착한 일과 악한 일이 그 원인과 결과에 따라 대갚음[報]을 받음[應].
- **정녕 丁寧** | 성할 정, 편안할 녕[without fail; by all means; certainly] : 성하고[丁] 편안함[寧]. 조금도 틀림없이 꼭.

년 월 일

15절 악한 자여 의인의 집을 엿보지
말며 그 쉬는 처소를 헐지 말지니라.
16절 대저 의인은 일곱번 넘어질지라
도 다시 일어나려니와 악인은 재앙으로
인하여 엎드러지느니라.
17절 네 원수가 넘어질 때에 즐거워
하지 말며 그가 엎드러질 때에 마음에
기뻐하지 말라.
18절 여호와께서 이것을 보시고 기뻐
아니하사 그 진노를 그에게서 옮기실까

속뜻단어 풀이

- **처소 處所** | 살 처, 곳 소[location; living place; residence] : 사람이 살고[處] 있는 곳[所].
- **원수 怨讐** | 원망할 원, 원수 수[enemy; foe] : 자기 또는 자기 집이나 나라에 해를 끼쳐 원한(怨恨)이 맺힌 사람[讐]이나 물건.

두려우니라.
19절 너는 행악자의 득의함을 인하여
분을 품지 말며 악인의 형통을 부러워
하지 말라.
20절 대저 행악자는 장래가 없겠고
악인의 등불은 꺼지리라.
21절 내 아들아 여호와와 왕을 경외
하고 반역자로 더불어 사귀지 말라.
22절 대저 그들의 재앙은 속히 임하
리니 이 두 자의 멸망을 누가 알라

속뜻단어 풀이

- **행악 行惡** | 행할 행, 악할 악[do evil] : 못된 짓[惡]을 함[行].
- **장래 將來** | 장차 장, 올 래[future] : 장차(將次) 닥쳐 올[來] 날. 앞날의 전망이나 전도.

23절 이것도 지혜로운 자의 말씀이라.
재판할 때에 낯을 보아주는 것이 옳지
못하니라.
24절 무릇 악인더러 옳다 하는 자는
백성에게 저주를 받을 것이요 국민에게
미움을 받으려니와
25절 오직 그를 견책하는 자는 기쁨
을 얻을 것이요 또 좋은 복을 받으리
라.
26절 적당한 말로 대답함은 입맞춤과

속뜻단어 풀이

- **재판 裁判** | 결단할 재, 판가름할 판[administer justice; judge] : ①옳고 그름을 따져[裁] 판단(判斷)함. ②구체적인 소송 사건을 해결하기 위하여 법원 또는 법관이 공권적 판단을 내리는 일.
- **낯 面** | 낯 면[face; honor] : ①얼굴의 바닥. ②드러내서 남을 대할 만한 체면.

같으니라.

27절 네 일을 밖에서 다스리며 밭에서 예비하고 그 후에 네 집을 세울지니라.

28절 너는 까닭 없이 네 이웃을 쳐서 증인이 되지 말며 네 입술로 속이지 말지니라.

29절 너는 그가 내게 행함 같이 나도 그에게 행하여 그 행한대로 갚겠다 말하지 말지니라.

속뜻단어 풀이

- **까닭** | [reason; excuse] : 일이 생기게 된 원인이나 조건.
- **예비 豫備** | 미리 예, 갖출 비[prepare for; reserve] : 미리[豫] 마련하거나 갖추어 놓음[備]. 또는 미리 갖춘 준비.

30절 내가 증왕에 게으른 자의 밭과 지혜 없는 자의 포도원을 지나며 본즉

31절 가시덤불이 퍼졌으며 거친 풀이 지면에 덮였고 돌담이 무너졌기로

32절 내가 보고 생각이 깊었고 내가 보고 훈계를 받았었노라.

33절 네가 좀더 자자, 좀더 졸자, 손을 모으고 좀더 눕자 하니 네 빈궁이 강도 같이 오며

34절 네 곤핍이 군사 같이 이르리라.

속뜻단어 풀이
- **증왕 曾往** | 일찍 증, 갈 왕[passed by] : 이미 지나간 때.
- **지면 地面** | 땅 지, 면 면[ground; surface of the earth] : 땅[地]의 표면(表面). 땅바닥.

묵상노트 필사하면서 느꼈던 점이나 암송하고 싶은 구절, 다시 되새겨보고 싶은 구절을 적어보세요.

잠언 25장

[솔로몬의 잠언]

1절 이것도 솔로몬의 잠언이요 유다 왕 히스기야의 신하들의 편집한 것이니라.

2절 일을 숨기는 것은 하나님의 영화요 일을 살피는 것은 왕의 영화니라.

3절 하늘의 높음과 땅의 깊음 같이 왕의 마음은 헤아릴 수 없느니라.

4절 은에서 찌끼를 제하라. 그리하

속뜻단어 풀이

- **잠언 箴言** | 경계할 잠, 말씀 언[proverbs; aphorism] : 사람이 살아가는 데 교훈이 되고 경계가 되는[箴] 짧은 말[言].
- **찌끼** | [dross] : '찌꺼기(액체가 다 빠진 뒤에 바닥에 남은 물건)'의 준말.

면 장색의 쓸만한 그릇이 나올 것이요
5절 왕 앞에서 악한 자를 제하라.
그리하면 그 위가 의로 말미암아 견고
히 서리라.
6절 왕 앞에서 스스로 높은체 하지
말며 대인의 자리에 서지 말라.
7절 이는 사람이 너더러 이리로 올
라오라 하는 것이 네 눈에 보이는 귀
인 앞에서 저리로 내려가라 하는 것보
다 나음이니라.

속뜻단어 풀이

- **장색 匠色** | 장인 장, 빛 색[craftsman] : 물건을 만드는 일을 직업으로 삼는 사람으로 공장 혹은 장인. 성경에서는 주로 우상을 만듦.
- **대인 大人** | 큰 대, 사람 인[adult; great man] : 다 큰[大] 사람[人].

8절 너는 급거히 나가서 다투지 말라. 마침내 네가 이웃에게 욕을 보게 될 때에 네가 어찌할줄을 알지 못할까 두려우니라.

9절 너는 이웃과 다투거든 변론만 하고 남의 은밀한 일은 누설하지 말라.

10절 듣는 자가 너를 꾸짖을 터이요 또 수욕이 네게서 떠나지 아니할까 두려우니라.

11절 경우에 합당한 말은 아로새긴

속뜻단어 풀이

- **변론 辯論** | 말 잘할 변, 말할 론[discuss; argue; debate] : 변호(辯護)하는 말을 함[論].
- **누설 漏泄** | 샐 루, 샐 설[leak; reveal] : 비밀이 새어 나감.

은 쟁반에 금사과니라.

12절 슬기로운 자의 책망은 청종하는 귀에 금고리와 정금 장식이니라.

13절 충성된 사자는 그를 보낸 이에게 마치 추수하는 날에 얼음 냉수 같아서 능히 그 주인의 마음을 시원케 하느니라.

14절 선물한다고 거짓 자랑하는 자는 비 없는 구름과 바람 같으니라.

15절 오래 참으면 관원이 그 말을

속뜻단어 풀이

- **슬기** | [intelligence; wisdom] : 사리를 밝히고 잘 처리해 가는 능력.
- **추수 秋收** | 가을 추, 거둘 수[harvest] : 가을[秋]에 익은 곡식을 거두어[收] 들임.

용납하나니 부드러운 혀는 뼈를 꺾느니라.

16절 너는 꿀을 만나거든 족하리만큼 먹으라. 과식하므로 토할까 두려우니라.

17절 너는 이웃집에 자주 다니지 말라. 그가 너를 싫어하며 미워할까 두려우니라.

18절 그 이웃을 쳐서 거짓 증거하는 사람은 방망이요 칼이요 뾰족한 살이니라.

속뜻단어 풀이

- **용납 容納** | 담을 용, 들일 납[tolerate; permit] : 너그러운 마음으로 포용(包容)하여 받아들임[納].
- **증거 證據** | 증거 증, 의거할 거[evidence; proof] : 어떤 사실을 증명(證明) 할 수 있는 근거(根據).

19절 환난날에 진실치 못한 자를 의
뢰하는 의뢰는 부러진 이와 위골된 발
같으니라.

20절 마음이 상한 자에게 노래하는
것은 추운 날에 옷을 벗음 같고 쏘다
위에 초를 부음 같으니라.

21절 네 원수가 배고파하거든 식물을
먹이고 목말라하거든 물을 마시우라.

22절 그리하는 것은 핀 숯으로 그의
머리에 놓는 것과 일반이요 여호와께서

속뜻단어 풀이
- **환난 患難** | 근심 환, 어려울 난[hardships; distress; misfortune] : 근심[患]과 재난(災難).
- **위골 違骨** | 어길 위, 뼈 골[wrench] : 뼈가 탈골되거나 어긋나는 것.

는 네게 상을 주시리라.

23절 북풍이 비를 일으킴 같이 참소하는 혀는 사람의 얼굴에 분을 일으키느니라.

24절 다투는 여인과 함께 큰 집에서 사는 것보다 움막에서 혼자 사는 것이 나으니라.

25절 먼 땅에서 오는 좋은 기별은 목마른 사람에게 냉수 같으니라.

26절 의인이 악인 앞에 굴복하는 것

속뜻단어 풀이

- **분 憤** | 화낼 분[anger; rage] : 화가 나고 억울한 마음.
- **굴복 屈服** | 굽을 굴, 복종할 복[submit to] : 힘이 모자라서 몸을 굽히어(屈) 복종(服從)함.

은 우물의 흐리어짐과 샘의 더러워짐
같으니라.
27절 꿀을 많이 먹는 것이 좋지 못
하고 자기의 영예를 구하는 것이 헛되
니라.
28절 자기의 마음을 제어하지 아니하
는 자는 성읍이 무너지고 성벽이 없는
것 같으니라.

속뜻단어 풀이
- **영예 榮譽** | 영화 영, 기릴 예[honor] : 영광(榮光)스러운 명예(名譽).
- **제어 制御** | 억제할 제, 다스릴 어[hold] : 상대편을 억눌러서[制] 제 마음대로 다룸[御].

년 월 일

묵상노트 필사하면서 느꼈던 점이나 암송하고 싶은 구절, 다시 되새겨보고 싶은 구절을 적어보세요.

잠언 26장

1절 미련한 자에게는 영예가 적당하지 아니하니 마치 여름에 눈오는 것과 추수 때에 비오는것 같으니라.

2절 까닭 없는 저주는 참새의 떠도는 것과 제비의 날아가는 것 같이 이르지 아니하느니라.

3절 말에게는 채찍이요 나귀에게는 재갈이요 미련한 자의 등에는 막대기니라.

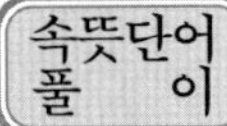

- **적당 適當** | 알맞을 적, 당할 당[suitable; proper] : 정도나 이치에 꼭 알맞고[適] 마땅하다[當].
- **재갈** | [bit] : 말을 부리기 위하여 아가리에 가로 물리는 가느다란 막대.

4절 미련한 자의 어리석은 것을 따라 대답하지 말라. 두렵건대 네가 그와 같을까 하노라.

5절 미련한 자의 어리석은 것을 따라 그에게 대답하라. 두렵건대 그가 스스로 지혜롭게 여길까 하노라.

6절 미련한 자 편에 기별하는 것은 자기의 발을 베어 버림이라. 해를 받느니라.

7절 저는 자의 다리는 힘 없이 달

속뜻단어 풀이

- **미련 未練** | 아닐 미, 익힐 련[lingering attachment] : ①새로운 상황이나 사물에 익숙하지[練] 않음[未]. ②깨끗이 잊지 못하고 끌리는 데가 남아 있는 마음.
- **기별 寄別** | 부칠 기, 나눌 별[news; notice] : 소식을 전함.

년 월 일

렸나니 미련한 자의 입의 잠언도 그러
하니라.
8절 미련한 자에게 영예를 주는 것
은 돌을 물매에 매는 것과 같으니라.
9절 미련한 자의 입의 잠언은 술
취한 자의 손에 든 가시나무 같으니라.
10절 장인이 온갖 것을 만들지라도
미련한 자를 고용하는 것은 지나가는
자를 고용함과 같으니라.
11절 개가 그 토한 것을 도로 먹는

속뜻단어 풀이

- **물매** | [sling] : 돌을 던질 때 사용되는 도구로, 보통 넓은 가죽의 양 끝에 끈이 달려 있다.
- **장인 匠人** | 기술자 장, 사람 인[artisan; craftsman] : 손으로 물건 만드는 기술[匠]을 업으로 하는 사람[人].
- **고용 雇用** | 품살 고, 쓸 용[employment] : 보수를 주고[雇] 사람을 부림[用].

것 같이 미련한 자는 그 미련한 것을
거듭 행하느니라.
12절 네가 스스로 지혜롭게 여기는
자를 보느냐? 그보다 미련한 자에게
오히려 바랄 것이 있느니라.
13절 게으른 자는 길에 사자가 있다
거리에 사자가 있다 하느니라.
14절 문짝이 돌쩌귀를 따라서 도는
것 같이 게으른 자는 침상에서 구으느
니라.

속뜻단어 풀이
- **돌쩌귀** | [hinge] : 문짝을 문설주에 달아 여닫는 데 쓰는 두 개의 쇠붙이.
- **침상 寢牀** | 잠잘 침, 평상 상[bed] : 누워 잘[寢] 수 있게 만든 평상(平牀).

15절 게으른 자는 그 손을 그릇에 넣고도 입으로 올리기를 괴로와하느니라.

16절 게으른 자는 선히 대답하는 사람 일곱보다 자기를 지혜롭게 여기느니라.

17절 길로 지나다가 자기에게 상관 없는 다툼을 간섭하는 자는 개 귀를 잡는 자와 같으니라.

18절 횃불을 던지며 살을 쏘아서 사람을 죽이는 미친 사람이 있나니

속뜻단어 풀이

- **상관 相關** | 서로 상, 관계할 관[be related to; meddle] : 서로[相] 관련(關聯)을 가짐. 또는 그 관련.
- **간섭 干涉** | 범할 간, 건널 섭[interfere] : 남의 일에 끼어들어[干] 참견함[涉].

19절 자기 이웃을 속이고 말하기를 내가 희롱하였노라 하는 자도 그러하니라.

20절 나무가 다하면 불이 꺼지고 말장이가 없어지면 다툼이 쉬느니라.

21절 숯불 위에 숯을 더하는 것과 타는 불에 나무를 더하는 것 같이 다툼을 좋아하는 자는 시비를 일으키느니라.

22절 남의 말하기를 좋아하는 자의

속뜻단어 풀이

- **희롱 戱弄** | 놀릴 희, 놀릴 롱[ridicule; joke with] : 말이나 행동으로 실없이 놀림[戱=弄].
- **시비 是非** | 옳을 시, 아닐 비[right and wrong; dispute; quarrel] : 옳고 그름을 따지는 말다툼.

년 월 일

말은 별식과 같아서 뱃속 깊은데로 내
려가느니라.
23절 온유한 입술에 악한 마음은 낯
은 은을 입힌 토기니라.
24절 감정 있는 자는 입술로는 꾸미
고 속에는 궤휼을 품나니
25절 그 말이 좋을지라도 믿지 말
것은 그 마음에 일곱 가지 가증한 것
이 있음이라.
26절 궤휼로 그 감정을 감출지라도

속뜻단어 풀이

- **온유 溫柔** | 따뜻할 온, 부드러울 유[gentle] : 따뜻하고[溫] 부드러움[柔].
- **궤휼 詭譎** | 속일 궤, 속일 휼[scheme; trick; evil design; wiles] : 간사한 속임수.

그 악이 회중 앞에 드러나리라.

27절 함정을 파는 자는 그것에 빠질 것이요 돌을 굴리는 자는 도리어 그것에 치이리라.

28절 거짓말 하는 자는 자기의 해한 자를 미워하고 아첨하는 입은 패망을 일으키느니라.

속뜻단어 풀이

- **회중 會衆** | 모일 회, 무리 중[audience; congregation] : 많이 모인[會] 군중(群衆).
- **아첨 阿諂** | 의지할 아, 알랑거릴 첨[flatter] : 심적 물적으로 의지하기[阿] 위하여 남의 환심을 사거나 잘 보이려고 알랑거리는 것[諂].

년 월 일

묵상노트 필사하면서 느꼈던 점이나 암송하고 싶은 구절, 다시 되새겨보고 싶은 구절을 적어보세요.

년 월 일

잠언 27장

1절 너는 내일 일을 자랑하지 말라
하루 동안에 무슨 일이 날는지 네가
알 수 없음이니라.

2절 타인으로 너를 칭찬하게 하고
네 입으로는 말며 외인으로 너를 칭찬
하게 하고 네 입술로는 말지니라.

3절 돌은 무겁고 모래도 가볍지 아
니하거니와 미련한 자의 분노는 이 둘
보다 무거우니라.

속뜻단어 풀이

- **타인 他人** | 다를 타, 사람 인[other people] : 다른[他]사람[人]. 남.
- **외인 外人** | 밖 외, 사람 인[someone else] : 한집안 식구 이외(以外)의 사람[人].

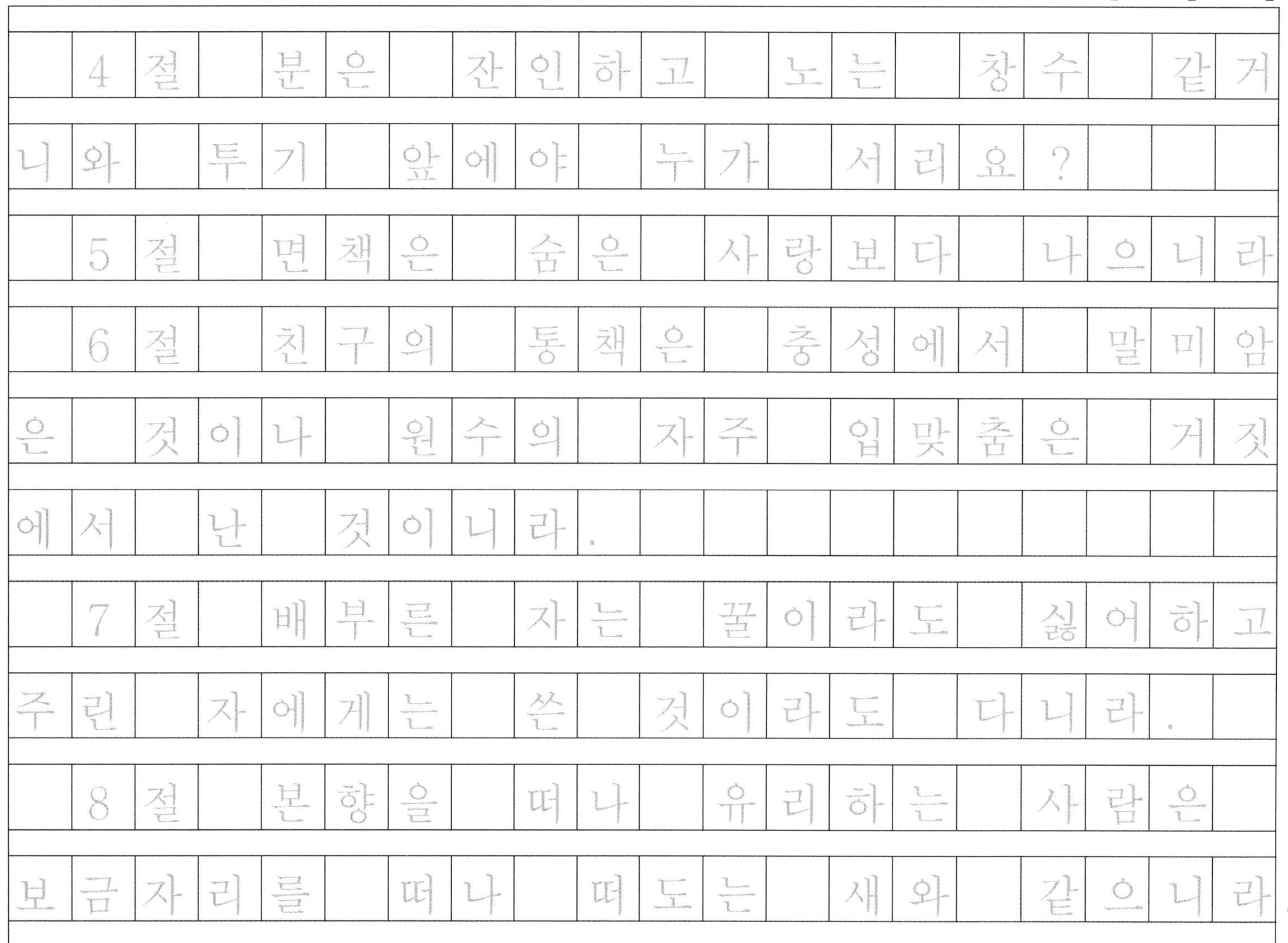

속뜻단어 풀이

- **창수 漲水** | 넘칠 창, 물 수[flood] : 큰 물이 져서 넘치는[漲] 물[水].
- **통책 痛責** | 아플 통, 꾸짖을 책[hotly denounce] : 따끔하게[痛] 꾸짖음[責].
- **본향 本鄕** | 밑 본, 시골 향[home] : 본인(本人)이 사는 땅[鄕].
- **유리 遊離** | 떠돌 유, 떨어질 리[stray from] : 떠돌다[遊] 따로 떨어짐[離].

년 월 일

9절 기름과 향이 사람의 마음을 즐
겁게 하나니 친구의 충성된 권고가 이
와 같이 아름다우니라.
10절 네 친구와 네 아비의 친구를
버리지 말며 네 환난날에 형제의 집에
들어가지 말지어다. 가까운 이웃이 먼
형제보다 나으니라.
11절 내 아들아 지혜를 얻고 내 마
음을 기쁘게 하라. 그리하면 나를 비
방하는 자에게 내가 대답할 수 있겠노

속뜻단어 풀이

- **충성 忠誠** | 충성 충, 정성 성[be loyal (to); be devoted (to)] : ①참마음에서 우러나는 충정(忠情)과 정성(精誠). ②나라 또는 임금에 바치는 곧고 지극한 마음.
- **비방 誹謗** | 헐뜯을 비, 헐뜯을 방[slander; abuse] : 남을 헐뜯음[誹=謗]. 나쁘게 말함.

라.

12절 슬기로운 자는 재앙을 보면 숨어 피하여도 어리석은 자들은 나아가다가 해를 받느니라.

13절 타인을 위하여 보증이 된 자의 옷을 취하라. 외인들의 보증이 된 자는 그 몸을 볼모잡힐지니라.

14절 이른 아침에 큰 소리로 그 이웃을 축복하면 도리어 저주 같이 여기게 되리라.

속뜻단어 풀이

- **볼모** | [hostage] : 약속 이행의 담보로 상대편에 잡혀 두는 사람이나 물건.
- **축복 祝福** | 빌 축, 복 복[bless] : 하나님이 복을 내림.

15절 다투는 부녀는 비 오는 날에 이어 떨어지는 물방울이라.

16절 그를 제어하기가 바람을 제어하는 것 같고 오른손으로 기름을 움키는 것 같으니라.

17절 철이 철을 날카롭게 하는 것 같이 사람이 그 친구의 얼굴을 빛나게 하느니라.

18절 무화과나무를 지키는 자는 그 과실을 먹고 자기 주인을 시종하는 자

속뜻단어 풀이

- **부녀 婦女** | 여자 부, 여자 녀[woman] : 결혼한 여자[婦]와 성숙한 여자[女].
- **시종 侍從** | 모실 시, 좇을 종[chamberlain] : 모시고[侍] 따름[從].

는 영화를 얻느니라.
19절 물에 비취이면 얼굴이 서로 같
은 것 같이 사람의 마음도 서로 비취
느니라.
20절 음부와 유명은 만족함이 없고
사람의 눈도 만족함이 없느니라.
21절 도가니로 은을, 풀무로 금을,
칭찬으로 사람을 시련하느니라.
22절 미련한 자를 곡물과 함께 절구
에 넣고 공이로 찧을지라도 그의 미련

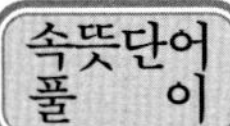

- **풀무** | [(a pair of) bellows] : 불을 피울 때 바람을 일으키는 기구.
- **시련 試鍊** | 시험할 시, 불릴 련[try; make a trial] : 의지나 참을성을 시험(試驗)하거나 단련(鍛鍊)시키는 것.

은 벗어지지 아니하느니라.

23절 네 양떼의 형편을 부지런히 살
피며 네 소떼에 마음을 두라.

24절 대저 재물은 영영히 있지 못하
나니 면류관이 어찌 대대에 있으랴

25절 풀을 벤 후에는 새로 움이 돋
나니 산에서 꼴을 거둘 것이니라.

26절 어린 양의 털은 네 옷이 되며
염소는 밭을 사는 값이 되며

27절 염소의 젖은 넉넉하여 너와 네

속뜻단어 풀이

- **형편 形便** | 모양 형, 편할 편[course; one's family fortune] : ①지형(地形)이 좋아서 편리(便利)함. ②일이 되어 가는 상황이나 상태.
- **대대 代代** | 세대 대. 세대 대[generation after generation] : 거듭된 세대(世代). 여러 대를 계속하여.

년 월 일

집 사람의 식물이 되며 네 여종의 먹을 것이 되느니라.

248

잠언 27장

속뜻단어 풀 이

• **식물 植物** | 심을 식, 만물 물[plant] : 나무와 풀같이 땅에 심어져[植] 있는 물체(物體).
• **여종 女-** | 계집 녀, -[a female slave; a woman servant] : 계집종(종살이를 하는 여자)

년　　월　　일

묵상노트 필사하면서 느꼈던 점이나 암송하고 싶은 구절, 다시 되새겨보고 싶은 구절을 적어보세요.

잠언 28장

1절 악인은 쫓아 오는 자가 없어도 도망하나 의인은 사자 같이 담대하니라.

2절 나라는 죄가 있으면 주관자가 많아져도 명철과 지식 있는 사람으로 말미암아 장구하게 되느니라.

3절 가난한 자를 학대하는 가난한 자는 곡식을 남기지 아니하는 폭우 같으니라.

4절 율법을 버린 자는 악인을 칭찬

속뜻단어 풀이
- **담대 膽大** | 쓸개 담, 클 대[bold; intrepid] : 담력(膽力)이 큼[大]. 겁이 없음.
- **장구 長久** | 길 장, 오랠 구[be lasting] : 매우 길고[長] 오래다[久].

년 월 일

하나 율법을 지키는 자는 악인을 대적
하느니라.
5절 악인은 공의를 깨닫지 못하나
여호와를 찾는 자는 모든 것을 깨닫느
니라.
6절 성실히 행하는 가난한 자는 사
곡히 행하는 부자보다 나으니라.
7절 율법을 지키는 자는 지혜로운
아들이요 탐식자를 사귀는 자는 아비를
욕되게 하는 자니라.

속뜻단어 풀이

- **대적 對敵** | 대할 대, 원수 적[match] : 적(敵)을 마주 대(敵)함. 적과 맞섬. 서로 맞서 겨룸.
- **사곡 邪曲** | 간사할 사, 굽을 곡[(be) crooked; wicked; evil-minded] : 간사하고[邪] 굽은[曲] 마음을 말하나 성경에서는 하나님을 믿지 못하고 불경건하게 행하는 것을 이른다.

년 월 일

8절 중한 변리로 자기 재산을 많아지게 하는 것은 가난한 사람 불쌍히 여기는 자를 위하여 그 재산을 저축하는 것이니라.

9절 사람이 귀를 돌이키고 율법을 듣지 아니하면 그의 기도도 가증하니라.

10절 정직한 자를 악한 길로 유인하는 자는 스스로 자기 함정에 빠져도 성실한 자는 복을 얻느니라.

11절 부자는 자기를 지혜롭게 여겨도

속뜻단어 풀이

- **변리 邊利** | 가 변, 이로울 리[interest] : 원금에 덧[邊]붙여 주는 이자(利子).
- **가증 可憎** | 가히 가, 미워할 증[hateful; wretched] : 가히[可] 미워할[憎] 만큼 얄밉다.

명철한 가난한 자는 그를 살펴 아느니라.

12절 의인이 득의하면 큰 영화가 있고 악인이 일어나면 사람이 숨느니라.

13절 자기의 죄를 숨기는 자는 형통치 못하나 죄를 자복하고 버리는 자는 불쌍히 여김을 받으리라.

14절 항상 경외하는 자는 복되거니와 마음을 강퍅하게 하는 자는 재앙에 빠지리라.

속뜻단어 풀이

- **득의 得意** | 얻을 득, 뜻 의[triumph] : 뜻[意]한 바를 얻음[得]. 뜻을 이룸.
- **자복 自服** | 스스로 자, 복종할 복[confess] : ①스스로[自] 복종(服從)함. ②친고죄에 있어서, 고소권을 가진 피해자에게 자발적으로 자기의 범죄 사실을 인정하는 일.

15절 가난한 백성을 압제하는 악한 관원은 부르짖는 사자와 주린 곰 같으니라.

16절 무지한 치리자는 포학을 크게 행하거니와 탐욕을 미워하는 자는 장수하리라.

17절 사람의 피를 흘린 자는 함정으로 달려갈 것이니 그를 막지 말지니라.

18절 성실히 행하는 자는 구원을 얻을 것이나 사곡히 행하는 자는 곧 넘

속뜻단어 풀이

- **치리자 治理者** | 다스릴 치, 다스릴 리, 놈 자[ruler] : 다스리는[治=理] 사람[者].
- **포학 暴虐** | 사나울 포, 모질 학[tyranny; outrage; atrocity] : 횡포(橫暴)하고 잔학(殘虐)함.

어지리라.

19절 자기의 토지를 경작하는 자는 먹을 것이 많으려니와 방탕을 좇는 자는 궁핍함이 많으리라.

20절 충성된 자는 복이 많아도 속히 부하고자 하는 자는 형벌을 면치 못하리라.

21절 사람의 낯을 보아주는 것이 좋지 못하고 한 조각 떡을 인하여 범법하는 것도 그러하니라.

속뜻단어 풀이

- **경작 耕作** | 밭갈 경, 지을 작[cultivate; farm; till] : 논밭을 갈아[耕] 농사를 지음[作].
- **방탕 放蕩** | 내칠 방, 음탕할 탕[dissipation; debauchery] : ①내치는[放] 대로 음탕(淫蕩)하게 굶. ②주색(酒色)에 빠져 행실이 추저분함.
- **범법 犯法** | 어길 범, 법 법[violate the law] : 법[法]을 어김[犯]. 법에 어긋나는 일을 함.

22절 악한 눈이 있는 자는 재물을 얻기에만 급하고 빈궁이 자기에게로 임할 줄은 알지 못하느니라.

23절 사람을 경책하는 자는 혀로 아첨하는 자보다 나중에 더욱 사랑을 받느니라.

24절 부모의 물건을 도적질하고 죄가 아니라 하는 자는 멸망케 하는 자의 동류니라.

25절 마음이 탐하는 자는 다툼을 일

속뜻단어 풀이

- **경책 輕責** | 가벼울 경, 꾸짖을 책[rebuke; censure] : 가볍게[輕] 꾸짖음[責].
- **동류 同類** | 같을 동, 무리 류[the same class; the like] : 같은[同] 종류(種類)나 부류(部類).

으키나 여호와를 의지하는 자는 풍족하
게 되느니라.
26절 자기의 마음을 믿는 자는 미련
한 자요 지혜롭게 행하는 자는 구원을
얻을 자니라.
27절 가난한 자를 구제하는 자는 궁
핍하지 아니 하려니와 못본체하는 자에
게는 저주가 많으리라.
28절 악인이 일어나면 사람이 숨고
그가 멸망하면 의인이 많아지느니라.

속뜻단어 풀이
- **풍족 豊足** | 풍성할 풍, 넉넉할 족[be plentiful] : 풍성(豊盛)하고 넉넉하다[足].
- **궁핍 窮乏** | 궁할 궁, 가난할 핍[poverty; want] : 생활이 몹시 곤궁(困窮)하고 가난함[乏].

년 월 일

묵상노트 필사하면서 느꼈던 점이나 암송하고 싶은 구절, 다시 되새겨보고 싶은 구절을 적어보세요.

잠언 29장

1절 자주 책망을 받으면서도 목이 곧은 사람은 갑자기 패망을 당하고 피하지 못하리라.

2절 의인이 많아지면 백성이 즐거워하고 악인이 권세를 잡으면 백성이 탄식하느니라.

3절 지혜를 사모하는 자는 아비를 즐겁게 하여도 창기를 사귀는 자는 재물을 없이 하느니라.

속뜻단어 풀이

- **책망 責望** | 꾸짖을 책, 원망할 망[scold; reproach; blame] : 잘못을 들어 꾸짖고[責] 원망(怨望)함. 또는 그 일.
- **권세 權勢** | 권세 권, 기세 세[power; influence] : 권력(權力)과 세력(勢力)을 아울러 이르는 말.
- **탄식 歎息** | 한탄할 탄, 쉴 식[sigh] : 한탄(恨歎)하며 한숨을 쉼(息).

년 월 일

4절 왕은 공의로 나라를 견고케 하나 뇌물을 억지로 내게 하는 자는 나라를 멸망시키느니라.

5절 이웃에게 아첨하는 것은 그의 발 앞에 그물을 치는 것이니라.

6절 악인의 범죄하는 것은 스스로 올무가 되게 하는 것이나 의인은 노래하고 기뻐하느니라.

7절 의인은 가난한 자의 사정을 알아주나 악인은 알아 줄 지식이 없느

속뜻단어 풀이

• **올무** | [noose] : 새나 짐승을 잡는 올가미.

니라.

8절 모만한 자는 성읍을 요란케 하여도 슬기로운 자는 노를 그치게 하느니라.

9절 지혜로운 자와 미련한 자가 다투면 지혜로운 자가 노하든지 웃든지 그 다툼이 그침이 없느니라.

10절 피 흘리기를 좋아하는 자는 온전한 자를 미워하고 정직한 자의 생명을 찾느니라.

속뜻단어 풀이
- **모만 侮慢** | 업신여길 모, 거만할 만[contempt; insolence] : 남을 업신여기고[侮] 거만함[慢].
- **요란 擾亂** | 어지러울 요, 어지러울 란[be noisy] : ①정도가 지나쳐 어수선하고 어지러움. ②시끄럽고 떠들썩함.

11절 어리석은 자는 그 노를 다 드러내어도 지혜로운 자는 그 노를 억제하느니라.

12절 관원이 거짓말을 신청하면 그 하인은 다 악하니라.

13절 가난한 자와 포학한 자가 섞여 살거니와 여호와께서는 그들의 눈에 빛을 주시느니라.

14절 왕이 가난한 자를 성실히 신원하면 그 위가 영원히 견고하리라.

속뜻단어 풀이

• **억제 抑制** | 누를 억, 억제할 제[control; restrain] : 눌러서(抑) 제지함(制).
• **신원 伸寃** | 펼 신, 원통할 원[vengeance] : 가슴에 맺힌 원통(寃痛)함을 풀어[伸] 버림.

15절 채찍과 꾸지람이 지혜를 주거늘
임의로 하게 버려두면 그 자식은 어미
를 욕되게 하느니라.
16절 악인이 많아지면 죄도 많아지나
니 의인은 그들의 망함을 보리라.
17절 네 자식을 징계하라. 그리하면
그가 너를 평안하게 하겠고 또 네 마
음에 기쁨을 주리라.
18절 묵시가 없으면 백성이 방자히
행하거니와 율법을 지키는 자는 복이

속뜻단어 풀이

- **묵시 默示** | 잠잠할 묵, 보일 시[revelation] : ①말없는[默] 가운데 자기의 의사를 나타내 보임[示]. ②계시(啓示).
- **율법 律法** | 법 률, 법 법[law; rule] : ①규범[律=法]. ②하나님이 인간에게 지키도록 내린 규범을 이르는 말.

있느니라.

19절 종은 말로만 하면 고치지 아니하나니 이는 그가 알고도 청종치 아니함이니라.

20절 네가 언어에 조급한 사람을 보느냐? 그보다 미련한 자에게 오히려 바랄 것이 있느니라.

21절 종을 어렸을 때부터 곱게 양육하면 그가 나중에는 자식인체하리라.

22절 노하는 자는 다툼을 일으키고

속뜻단어 풀이

• **언어 言語** | 말씀 언, 말씀 어[language; speech] : 생각, 느낌 따위를 나타내거나 전달하는 데에 쓰는 말[言=語].
• **양육 養育** | 기를 양, 기를 육[being up] : 아이를 보살펴서 기름[養=育].

분하여 하는 자는 범죄함이 많으니라.
23절 사람이 교만하면 낮아지게 되겠고 마음이 겸손하면 영예를 얻으리라.
24절 도적과 짝하는 자는 자기의 영혼을 미워하는 자라. 그는 맹세함을 들어도 직고하지 아니하느니라.
25절 사람을 두려워하면 올무에 걸리게 되거니와 여호와를 의지하는 자는 안전하리라.
26절 주권자에게 은혜를 구하는 자가

속뜻단어 풀이
- **범죄 犯罪** | 범할 범, 허물 죄[crime] : 죄(罪)를 지음[犯]. 또는 지은 죄.
- **직고 直告** | 곧을 직, 알릴 고[informing(reporting) truthfully] : 곧이곧대로[直] 알림[告].

많으나 사람의 일의 작정은 여호와께로 말미암느니라.

27절 불의한 자는 의인에게 미움을 받고 정직한 자는 악인에게 미움을 받느니라.

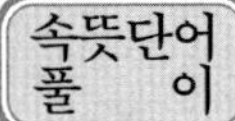

- **작정 作定** | 지을 작, 정할 정[decision; determination] : 어떤 일에 대해 마음으로 결정(決定)을 내림[作]. 또는 그 결정.
- **정직 正直** | 바를 정, 곧을 직[honest; upright] : 마음에 거짓이나 꾸밈이 없이 바르고[正] 곧음[直].

년 월 일

묵상노트 필사하면서 느꼈던 점이나 암송하고 싶은 구절, 다시 되새겨보고 싶은 구절을 적어보세요.

잠언 30장

[아굴의 잠언]

1절 이 말씀은 야게의 아들 아굴의 잠언이니 그가 이디엘과 우갈에게 이른 것이니라.

2절 나는 다른 사람에게 비하면 짐승이라. 내게는 사람의 총명이 있지 아니하니라.

3절 나는 지혜를 배우지 못하였고 또 거룩하신 자를 아는 지식이 없거니

속뜻단어 풀이
- **잠언 箴言** | 경계할 잠, 말씀 언[proverbs; aphorism] : 사람이 살아가는 데 교훈이 되고 경계가 되는[箴] 짧은 말[言].
- **총명 聰明** | 밝을 총, 밝을 명[bright; intelligent] : ①귀가 밝고[聰] 눈이 밝음[明]. ②썩 영리하고 재주가 있음.

와

4절 하늘에 올라갔다가 내려온 자가 누구인지, 바람을 그 장중에 모은 자가 누구인지, 물을 옷에 싼 자가 누구인지, 땅의 모든 끝을 정한 자가 누구인지, 그 이름이 무엇인지, 그 아들의 이름이 무엇인지 너는 아느냐?

5절 하나님의 말씀은 다 순전하며 하나님은 그를 의지하는 자의 방패시니라.

속뜻단어 풀이

- **장중 莊重** | 장엄할 장, 무거울 중[solemn; grave] : 분위기가 장엄(莊嚴)하고 무겁다[重].
- **순전 純全** | 순수할 순, 온전할 전[pure (and simple); sheer] : ①순수(純粹)하고 완전(完全)함. ②의심(疑心)할 나위가 없음.

6절 너는 그 말씀에 더하지 말라. 그가 너를 책망하시겠고 너는 거짓말 하는 자가 될까 두려우니라.

7절 내가 두가지 일을 주께 구하였사오니 나의 죽기 전에 주시옵소서

8절 곧 허탄과 거짓말을 내게서 멀리 하옵시며 나로 가난하게도 마옵시고 부하게도 마옵시고 오직 필요한 양식으로 내게 먹이시옵소서

9절 혹 내가 배불러서 하나님을 모

속뜻단어 풀이

- **허탄 虛誕** | 헛될 허, 거짓 탄[falsehood; falsity; untruth] : 헛되고[虛] 거짓되어[誕] 미덥지 아니하다.
- **양식 糧食** | 양식 양, 먹을 식[provisions] : 생존을 위하여 필요한 사람의 먹을거리[糧=食].

른다 여호와가 누구냐 할까 하오며 혹
내가 가난하여 도적질하고 내 하나님의
이름을 욕되게 할까 두려워함이니이다
10절 너는 종을 그 상전에게 훼방하
지 말라. 그가 너를 저주하겠고 너는
죄책을 당할까 두려우니라.
11절 아비를 저주하며 어미를 축복하
지 아니하는 무리가 있느니라.
12절 스스로 깨끗한 자로 여기면서
오히려 그 더러운 것을 씻지 아니하는

속뜻단어 풀이

- **상전 上典** | 위 상, 벼슬 전[one's lord and master; employer] : ①상급(上級)의 벼슬[典]. ②예전에 종에 상대하여 그 주인을 이르던 말.
- **죄책 罪責** | 허물 죄, 꾸짖을 책[liability for a crime] : 잘못[罪]을 저지른 책임(責任).

무리가 있느니라.

13절 눈이 심히 높으며 그 눈꺼풀이 높이 들린 무리가 있느니라.

14절 앞니는 장검 같고 어금니는 군도 같아서 가난한 자를 땅에서 삼키며 궁핍한 자를 사람 중에서 삼키는 무리가 있느니라.

15절 거머리에게는 두 딸이 있어 다고 다고 하느니라. 족한 줄을 알지 못하여 족하다 하지 아니하는 것 서넛이

속뜻단어 풀이

- **장검 長劍** | 길 장, 칼 검[long sword] : 예전에, 허리에 차던 긴[長] 칼[劍].
- **군도 軍刀** | 군사 군, 칼 도[sabre] : 군인이 허리에 차는 칼.

있나니
16절 곧 음부와 아이 배지 못하는
태와 물로 채울 수 없는 땅과 족하다
하지 아니하는 불이니라.
17절 아비를 조롱하며 어미 순종하기
를 싫어하는 자의 눈은 골짜기의 까마
귀에게 쪼이고 독수리 새끼에게 먹히리
라.
18절 내가 심히 기이히 여기고도 깨
닫지 못하는 것 서넛이 있나니

속뜻단어 풀이

- **음부 陰府** | 저승 음, 마을 부[grave; sheol] : 죽은 사람의 영혼이 가서 산다는 어둠[陰]의 세계[府]. 지옥. (구약 시대 당시 음부란 개념은 '죽은 자들이 들어가는 곳', '무덤' 등을 의미하는 것으로 어떤 일정한 장소를 지칭하는 것이 아니라 육체와 영혼의 분리 상태인 죽음을 뜻했다.)
- **조롱 嘲弄** | 비웃을 조, 희롱할 롱[ridicule; laugh at] : 비웃거나[嘲] 깔보면서 놀림[弄].

19절 곧 공중에 날아 다니는 독수리의 자취와 반석 위로 기어다니는 뱀의 자취와 바다로 지나다니는 배의 자취와 남자가 여자와 함께 한 자취며

20절 음녀의 자취도 그러하니라. 그가 먹고 그 입을 씻음 같이 말하기를 내가 악을 행치 아니하였다 하느니라.

21절 세상을 진동시키며 세상으로 견딜 수 없게 하는 것 서넛이 있나니

22절 곧 종이 임금된 것과 미련한

속뜻단어 풀이
- **반석 盤石** | =磐石, 소반 반, 돌 석[huge rock] : ①넓고 편편한[盤] 바위[石]. ②'아주 믿음직스럽고 든든함'을 비유하여 이르는 말.
- **자취** | (迹=蹟=跡, 자취 적)[trace] : 어떤 것이 남기고 간 흔적.

자가 배부른 것과

23절 꺼림을 받는 계집이 시집간 것과 계집 종이 주모를 이은 것이니라.

24절 땅에 작고도 가장 지혜로운 것 넷이 있나니

25절 곧 힘이 없는 종류로되 먹을 것을 여름에 예비하는 개미와

26절 약한 종류로되 집을 바위 사이에 짓는 사반과

27절 임군이 없으되 다 떼를 지어

속뜻단어 풀이
- **꺼림** | [feel uneasy (about)] : 마음에 걸려 언짢은 느낌이 있다.
- **주모 主母** | 주인 주, 어미 모[mistress] : 집안 살림을 주장하여 다스리는 부인.
- **사반** | [coney] : 바위 너구리 또는 바위 토끼를 말한다. 사반은 히브리어를 그대로 음역한 것이다.(샤판; shaphan).

나아가는 메뚜기와

28절 손에 잡힐만하여도 왕궁에 있는
도마뱀이니라.

29절 잘 걸으며 위풍 있게 다니는
것 서넛이 있나니

30절 곧 짐승 중에 가장 강하여 아
무 짐승 앞에서도 물러가지 아니하는
사자와

31절 사냥개와 수염소와 및 당할 수
없는 왕이니라.

속뜻단어 풀이

- **위풍 威風** | 위엄 위, 모습 풍[stately appearance; imposing air] : 위엄(威嚴) 있는 풍채(風采).
- **짐승** | [beast; animal] : ①사람이 아닌 동물을 이르는 말. ②포유류를 통틀어 이르는 말. 몸에 털이 나고 네 발을 가졌다.

32절 만일 네가 미련하여 스스로 높은체 하였거나 혹 악한 일을 도모하였거든 네 손으로 입을 막으라.

33절 대저 젖을 저으면 뻐터가 되고 코를 비틀면 피가 나는 것 같이 노를 격동하면 다툼이 남이니라.

속뜻단어 풀이

- **도모 圖謀** | 꾀할 도, 꾀할 모[plan; design] : 어떤 일을 이루기 위하여 대책과 방법을 세움.
- **격동 激動** | 거셀 격, 움직일 동[stir up] : 급격하게 변동함. 몹시 흥분하고 감동함.

묵상노트 필사하면서 느꼈던 점이나 암송하고 싶은 구절, 다시 되새겨보고 싶은 구절을 적어보세요.

잠언 31장

[르무엘왕을 훈계한 잠언]

1절 르무엘왕의 말씀한바 곧 그 어머니가 그를 훈계한 잠언이라.

2절 내 아들아 내가 무엇을 말할꼬? 내 태에서 난 아들아 내가 무엇을 말할꼬? 서원대로 얻은 아들아 내가 무엇을 말할꼬?

3절 네 힘을 여자들에게 쓰지 말며 왕들을 멸망시키는 일을 행치 말지어다.

속뜻단어 풀이

• **훈계 訓戒** | 가르칠 훈, 경계할 계[admonition; exhortation] : 타일러[訓] 경계[警戒]시킴. 또는 그런 말.
• **서원 誓願** | 맹세할 서, 원할 원[vow; pledge; oath] : 자기가 하고자 하는 일을 신에게 맹세하고[誓] 그것이 이루어지기를 기원(祈願)함. 또는 그 기원.

4절 르무엘아 포도주를 마시는 것이 왕에게 마땅치 아니하고 왕에게 마땅치 아니하며 독주를 찾는 것이 주권자에게 마땅치 않도다.

5절 술을 마시다가 법을 잊어버리고 모든 간곤한 백성에게 공의를 굽게 할까 두려우니라.

6절 독주는 죽게된 자에게, 포도주는 마음에 근심하는 자에게 줄지어다.

7절 그는 마시고 그 빈궁한 것을

속뜻단어 풀이

- **주권 主權** | 주인 주, 권리 권[sovereignty] : ①주인(主人)로서의 권리(權利). ②국가 의사를 최종적으로 결정하는 최고 · 독립 · 절대의 권력.
- **간곤 艱困** | 어려울 간, 곤할 곤[indigence; poverty] : 간구(艱苟)하고 곤궁(困窮)함.

잊어버리겠고 다시 그 고통을 기억지
아니하리라.
8절 너는 벙어리와 고독한 자의 송
사를 위하여 입을 열지니라.
9절 너는 입을 열어 공의로 재판하
여 간곤한 자와 궁핍한 자를 신원할지
니라.
[현숙한 아내]
10절 누가 현숙한 여인을 찾아 얻겠
느냐? 그 값은 진주보다 더 하니라.

속뜻단어 풀이

- **송사 訟事** | 송사할 송, 일 사[a lawsuit; a suit] : 소송(訴訟)하는 일[事].
- **현숙 賢淑** | 어질 현, 맑을 숙[wise and virtuous] : 여자의 마음이나 몸가짐이 어질고[賢] 정숙(貞淑)함.

11절 그런 자의 남편의 마음은 그를 믿나니 산업이 핍절치 아니하겠으며

12절 그런 자는 살아 있는 동안에 그 남편에게 선을 행하고 악을 행치 아니하느니라.

13절 그는 양털과 삼을 구하여 부지런히 손으로 일하며

14절 상고의 배와 같아서 먼데서 양식을 가져 오며

15절 밤이 새기 전에 일어나서 그

속뜻단어 풀이
- **핍절 乏絶** | 모자랄 핍, 끊을 절[exhaustion; drain] : 공급이 끊어져 아주 없어짐.
- **상고 商賈** | 장사 상, 장사 고[tradespeople; merchant; dealer] : 상인.

집 사람에게 식물을 나눠주며 여종에게
일을 정하여 맡기며
16절 밭을 간품하여 사며 그 손으로
번 것을 가지고 포도원을 심으며
17절 힘으로 허리를 묶으며 그 팔을
강하게 하며
18절 자기의 무역하는 것이 이로운
줄을 깨닫고 밤에 등불을 끄지 아니하
고
19절 손으로 솜뭉치를 들고 손가락으

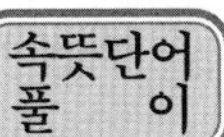

- **간품 看品** | 볼 간, 물건 품[sampling, inspection] : 물건[品]의 품질의 좋고 나쁨을 자세히 봄[看].
- **무역 貿易** | 바꿀 무, 바꿀 역[trade; export and import business] : ①상품을 팔고 사며 서로 바꾸는[貿=易] 상행위. ②외국 상인과 물품을 수출입하는 상행위.

로 가락을 잡으며
20절 그는 간곤한 자에게 손을 펴며
궁핍한 자를 위하여 손을 내밀며
21절 그 집 사람들은 다 홍색 옷을
입었으므로 눈이 와도 그는 집 사람을
위하여 두려워하지 아니하며
22절 그는 자기를 위하여 아름다운
방석을 지으며 세마포와 자색 옷을 입
으며
23절 그 남편은 그 땅의 장로로 더

속뜻단어 풀이

- **세마포 細麻布** | 가늘 세, 삼 마, 베 포[linen] : 삼[麻] 껍질에서 뽑아낸 가는[細] 실로 곱게 짠 베[布]. 제사장들의 의복을 만드는 주요 재료.
- **자색 紫色** | 자줏빛 자, 빛 색[purple] : 자주(紫朱) 빛[色].

불어 성문에 앉으며 사람의 아는 바가 되며

24절 그는 베로 옷을 지어 팔며 띠를 만들어 상고에게 맡기며

25절 능력과 존귀로 옷을 삼고 후일을 웃으며

26절 입을 열어 지혜를 베풀며 그 혀로 인애의 법을 말하며

27절 그 집안 일을 보살피고 게을리 얻은 양식을 먹지 아니하나니

속뜻단어 풀이

- **인애 仁愛** | 어질 인, 사랑 애[a kind love; humane affection] : 어진[仁] 마음으로 남을 사랑함[愛]. 또는 그 마음.
- **존귀 尊貴** | 높을 존, 귀할 귀[be high and noble] : 지위나 신분이 높고[尊] 귀함[貴].

28절 그 자식들은 일어나 사례하며 그 남편은 칭찬하기를

29절 덕행 있는 여자가 많으나 그대는 여러 여자보다 뛰어난다 하느니라.

30절 고운 것도 거짓되고 아름다운 것도 헛되나 오직 여호와를 경외하는 여자는 칭찬을 받을 것이라.

31절 그 손의 열매가 그에게로 돌아갈 것이요 그 행한 일을 인하여 성문에서 칭찬을 받으리라.

속뜻단어 풀이

- **사례 謝禮** | 사례할 사, 예도 례[thanks; gratitude] : 언행이나 금품으로 고마운[謝] 뜻을 나타내는 인사[禮].
- **덕행 德行** | 덕 덕, 행할 행[virtue; virtuous[moral] conduct] : 어질고[德] 너그러운 행실(行實).

년 월 일

묵상노트 필사하면서 느꼈던 점이나 암송하고 싶은 구절, 다시 되새겨보고 싶은 구절을 적어보세요.

크리스천 가정의 자녀양육에 관한 깊이있는 영적강의!

하나님이 디자인 하신 가정으로... 놈 웨익필드 목사의 Return!

A. Home Education Conference 주제강의
1강. 부모! 영광스러운 부르심(강성환 목사)
2강. 비전의 힘(Norm Wakefield 목사)
3강. 사랑이라는 유산(Norm Wakefield 목사)
4강. 관계로 시작되는 교육(Alma Wakefield 사모)
5강. 가정을 향한 하나님의 청사진(Norm Wakefield 목사)
6강. 아버지는 선구자(Norm Wakefield 목사)
7강. 남편를 이해하고 격려하기(Norm Wakefield 목사)
8강. 홈스쿨링의 폭풍 가운데 그리스도 안에서 닻 내리기 (Norm Wakefield 목사)
※ **정가 : DVD 60,000원 MP3 35,000원**

B. Home Education Seminar
1강. 왜 가정교육인가?
2강. 정체성
3강. 영원한 안목으로 살기
※ **정가 : DVD 30,000원 MP3 20,000원**

C. **10대 자녀양육세미나**
1강. 그리스도 중심 관계
2강. 10대 아들을 어떻게 대하나?
3강. 10대 자녀양육에서 희망의 힘
※ **정가 : DVD 30,000원 MP3 20,000원**

※ 구매문의 050-5504-5404(3만원 이상 구입시 무료배송)

이럴 때 남자는 어떻게 해야 하는가?

삶의 질문들에 대해 성경으로 답한다
남자들을 위한 깊이있고 통찰력있는

영적 가이드북!

저자 노옴 웨이크필드
360쪽 정가 14,500원

아임홈스쿨러몰 www.imhmall.com
구입문의 : 050-5504-5404

추천사

급변하는 세상, 불안과 소외, 가치관의 혼돈 속에서 이 시대의 남자들은 치열한 삶을 살아가고 있습니다. 그들은 쉴 새 없이 밀려오는 도발, 시험, 유혹, 욕망, 두려움의 거친 파도와 힘든 영적 전쟁을 벌이며 당혹, 좌절, 분노와 죄책감으로 정체성을 상실하고, 삶의 의미를 잃어버린 채 방황하고 있습니다. 이 책은 무기력, 무의미, 무관심의 삼무(三無)시대를 살고 있는 남자들에게 그리스도 안에서 어떻게 하나님과의 깊은 관계를 맺으며 진정한 남자로서 살아갈 수 있는지 그 길을 제시하고 있습니다. 모든 남자들에게 필독을 권하고 싶습니다.

| 김성묵(두란노아버지학교 상임이사)

가정은 하나님 나라 운동의 중심이며 교회 그 자체입니다. 가정이 제대로 세워지면 하나님 나라 운동도 교회 운동도 제대로 될 것입니다. 오늘의 교회와 우리 사회가 직면하고 있는 가장 큰 위기는 가정의 위기입니다. 가정을 바로 세우는 길을 찾으면 우리의 위기를 충분히 극복할 수 있을 것입니다. 이 책은 가정을 바로 세우고자 하는 사람들 특히 아버지에게 큰 도움을 줄 것으로 믿어마지 않으며 모든 성도들의 일독을 권합니다.

| 박은조(은혜샘물교회 담임목사, 샘물학교 이사장)

노옴 웨이크필드 목사님은 복음의 기초 속에서 크리스천 가족을 실제적으로 성장하도록 인도하는 가정사역 지도자 입니다. 이 책에서는 일반적, 영적, 결혼, 가정의 영역에서 일어나는 문제에 대해 소소한 일상의 사건을 예로 들어 설명하며 '이럴 때 남자는 어떻게 해야 하는지' 성경 안에서 지혜로운 답변을 찾도록 도와주고 있습니다. 성경적 기반의 홈스쿨의 저변확대와 가정회복의 실현을 위해 많은 어려움에도 불구하고 귀한 서적을 번역하고 출판하게 된 '홈스쿨지원센터' 박진하 소장의 노고에도 감사의 마음을 전합니다.

| 이재훈(온누리교회 담임목사)

현대는 프로의 시대입니다. 프로의 시대에는 필요한 것이 전문가 정신입니다. 축구를 잘 모르는 동네 아이들을 모아놓고 축구를 시키면 동네축구가 됩니다. 동네축구는 수준이 낮습니다. 그러나 프로축구는 수준이 높고 재미가 있어서 돈을 주고 봅니다. 프로선수들은 자기 포지션에 대한 전문적인 지식과 기술을 가지고 있기 때문입니다. 가정도 마찬 가지입니다. 행복한 가정을 만들기 위해서는 가정구성원 모두가 자기의 역할과 책임을 잘 알고 이것을 잘 감당해야 하는 것입니다. 그래서 남자는 프로 남편이 되야 되고 아내는 프로 아내가 되어야 됩니다. 이 책은 가정에서 남자들의 역할과 책임을 성경적인 관점에서 아주 잘 가르쳐주고 있습니다. 모든 남편들이 이 책을 통해 가정운영의 지혜를 잘 배워서 자신의 가정을 더 수준 높은 가정으로 만들 수 있기를 기대합니다.

| 주수일(한국가정사역협회 이사장)

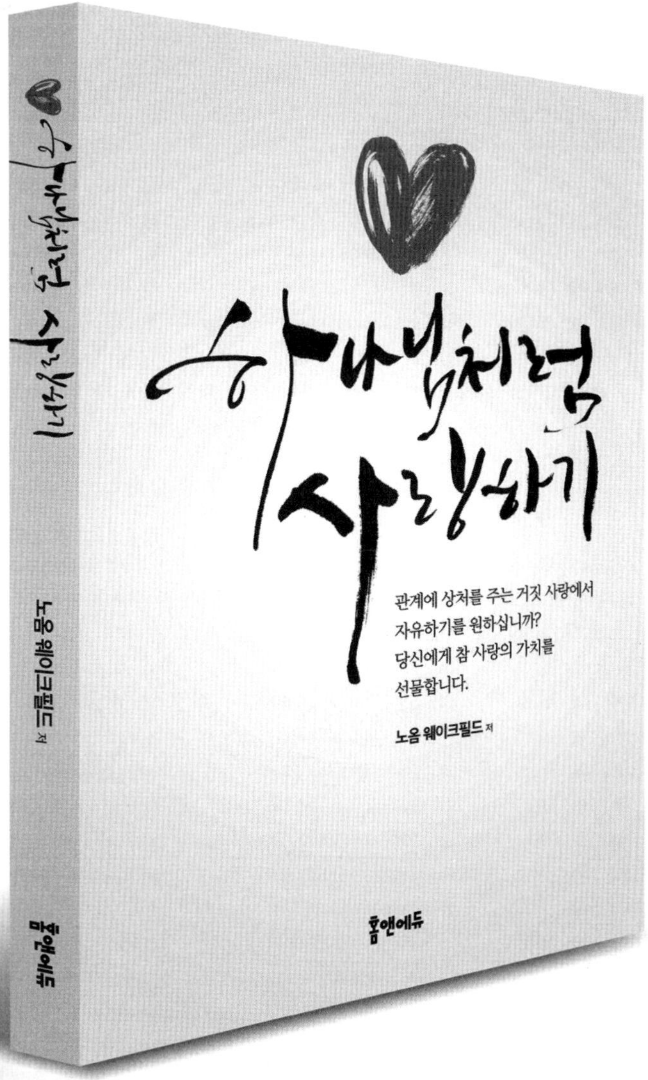

하나님처럼 사랑하기

관계에 상처를 주는 거짓 사랑에서
자유하기를 원하십니까?
당신에게 참 사랑의 가치를
선물합니다.

노옴 웨이크필드 저

홈앤에듀

관계에 상처를 주는 거짓 사랑에서
자유하기를 원하십니까?

남편을 사랑하고 싶은 아내

아내를 사랑하고 싶은 남편

하나님의 사랑으로 자녀를 사랑하고 싶은 부모

부모를 사랑하고 싶은 십대

인생의 반려자를 소망하는 청년

진정한 우정을 나누고 싶은 친구

하나님과 더 깊은 관계의 사랑을 원하는

모든 이들에게.......

세상의 그 무엇과도 바꿀 수 없는
참 사랑의 가치를 소중한 당신께 드립니다.

저자 노옴 웨이크필드(Norm Wakefield) / **208쪽 정가 11,000원**

아임홈스쿨러몰 www.imhmall.com
구입문의 : 050-5504-5404

맥체인 성경읽기표

※ [맥체인 성경읽기표] 를 따라 성경을 읽으면 1년에 신약과 시편은 두번, 시편을 제외한 구약은 한번 읽게 됩니다. 앞의 두 장은 가족이 함께, 뒤의 두장은 개인이 읽으면 좋습니다.

January 01				
1	창1	마1	스1	행1
2	창2	마2	스2	행2
3	창3	마3	스3	행3
4	창4	마4	스4	행4
5	창5	마5	스5	행5
6	창6	마6	스6	행6
7	창7	마7	스7	행7
8	창8	마8	스8	행8
9	창9~10	마9	스9	행9
10	창11	마10	스10	행10
11	창12	마11	느1	행11
12	창13	마12	느2	행12
13	창14	마13	느3	행13
14	창15	마14	느4	행14
15	창16	마15	느5	행15
16	창17	마16	느6	행16
17	창18	마17	느7	행17
18	창19	마18	느8	행18
19	창20	마19	느9	행19
20	창21	마20	느10	행20
21	창22	마21	느11	행21
22	창23	마22	느12	행22
23	창24	마23	느13	행23
24	창25	마24	에1	행24
25	창26	마25	에2	행25
26	창27	마26	에3	행26
27	창28	마27	에4	행27
28	창29	마28	에5	행28
29	창30	막1	에6	롬1
30	창31	막2	에7	롬2
31	창32	막3	에8	롬3

February 02				
1	창33	막4	에9~10	롬4
2	창34	막5	욥1	롬5
3	창35~36	막6	욥2	롬6
4	창37	막7	욥3	롬7
5	창38	막8	욥4	롬8
6	창39	막9	욥5	롬9
7	창40	막10	욥6	롬10
8	창41	막11	욥7	롬11
9	창42	막12	욥8	롬12
10	창43	막13	욥9	롬13
11	창44	막14	욥10	롬14
12	창45	막15	욥11	롬15
13	창46	막16	욥12	롬16
14	창47	눅1:1~38	욥13	고전1
15	창48	눅1: 39~80	욥14	고전2
16	창49	눅2	욥15	고전3
17	창50	눅3	욥16~17	고전4
18	출1	눅4	욥18	고전5
19	출2	눅5	욥19	고전6
20	출3	눅6	욥20	고전7
21	출4	눅7	욥21	고전8
22	출5	눅8	욥22	고전9
23	출6	눅9	욥23	고전10
24	출7	눅10	욥24	고전11
25	출8	눅11	욥25 ~ 26	고전12
26	출9	눅12	욥27	고전13
27	출10	눅13	욥28	고전14
28	출11:1~12:28	눅14	욥29	고전15

March 03				
1	출12:29~51	눅15	욥30	고전16
2	출13	눅16	욥31	고후1
3	출14	눅17	욥32	고후2
4	출15	눅18	욥33	고후3
5	출16	눅19	욥34	고후4
6	출17	눅20	욥35	고후5
7	출18	눅21	욥36	고후6
8	출19	눅22	욥37	고후7
9	출20	눅23	욥38	고후8
10	출21	눅24	욥39	고후9
11	출22	요1	욥40	고후10
12	출23	요2	욥41	고후11
13	출24	요3	욥42	고후12
14	출25	요4	잠1	고후13
15	출26	요5	잠2	갈1
16	출27	요6	잠3	갈2
17	출28	요7	잠4	갈3
18	출29	요8	잠5	갈4
19	출30	요9	잠6	갈5
20	출31	요10	잠7	갈6
21	출32	요11	잠8	엡1
22	출33	요12	잠9	엡2
23	출34	요13	잠10	엡3
24	출35	요14	잠11	엡4
25	출36	요15	잠12	엡5
26	출37	요16	잠13	엡6
27	출38	요17	잠14	빌1
28	출39	요18	잠15	빌2
29	출40	요19	잠16	빌3
30	레1	요20	잠17	빌4
31	레2~3	요21	잠18	골1

April 04				
1	레4	시1~ 2	잠19	골2
2	레5	시3~4	잠20	골3
3	레6	시5~6	잠21	골4
4	레7	시7~8	잠22	살전1
5	레8	시9	잠23	살전2
6	레9	시10	잠24	살전3
7	레10	시11~12	잠25	살전4
8	레11~12	시13~14	잠26	살전5
9	레13	시15~16	잠27	살후1
10	레14	시17	잠28	살후2
11	레15	시18	잠29	살후3
12	레16	시19	잠30	딤전1
13	레17	시20~21	잠31	딤전2
14	레18	시22	전1	딤전3
15	레19	시23~24	전2	딤전4
16	레20	시25	전3	딤전5
17	레21	시26~27	전4	딤전6
18	레22	시28~29	전5	딤후1
19	레23	시30	전6	딤후2
20	레24	시31	전7	딤후3
21	레25	시32	전8	딤후4
22	레26	시33	전9	딛1
23	레27	시34	전10	딛2
24	민1	시35	전11	딛3
25	민2	시36	전12	몬1
26	민3	시37	아1	히1
27	민4	시38	아2	히2
28	민5	시39	아3	히3
29	민6	시40~41	아4	히4
30	민7	시42~43	아5	히5

May 05				
1	민8	시44	아6	히6
2	민9	시45	아7	히7
3	민10	시46~47	아8	히8
4	민11	시48	사1	히9
5	민12~13	시49	사2	히10
6	민14	시50	사3~4	히11
7	민15	시51	사5	히12
8	민16	시52~54	사6	히13
9	민17~18	시55	사7	약1
10	민19	시56~57	사8:1~9:7	약2
11	민20	시58~59	사9:8~10:4	약3
12	민21	시60~61	사10:5~34	약4
13	민22	시62~63	사11~12	약5
14	민23	시64~65	사13	벧전1
15	민24	시66~67	사14	벧전2
16	민25	시68	사15	벧전3
17	민26	시69	사16	벧전4
18	민27	시70~71	사17~18	벧전5
19	민28	시72	사19~20	벧후1
20	민29	시73	사21	벧후2
21	민30	시74	사22	벧후3
22	민31	시75~76	사23	요일1
23	민32	시77	사24	요일2
24	민33	시78:1~37	사25	요일3
25	민34	시78:38~72	사26	요일4
26	민35	시79	사27	요일5
27	민36	시80	사28	요이1
28	신1	시81~82	사29	요삼1
29	신2	시83~84	사30	유1
30	신3	시85	사31	계1
31	신4	시86~87	사32	계2

June 06				
1	신5	시88	사33	계3
2	신6	시89	사34	계4
3	신7	시90	사35	계5
4	신8	시91	사36	계6
5	신9	시92~93	사37	계7
6	신10	시94	사38	계8
7	신11	시95~96	사39	계9
8	신12	시97~98	사40	계10
9	신13~14	시99~101	사41	계11
10	신15	시102	사42	계12
11	신16	시103	사43	계13
12	신17	시104	사44	계14
13	신18	시105	사45	계15
14	신19	시106	사46	계16
15	신20	시107	사47	계17
16	신21	시108~109	사48	계18
17	신22	시110~111	사49	계19
18	신23	시112~113	사50	계20
19	신24	시114~115	사51	계21
20	신25	시116	사52	계22
21	신26	시117~118	사53	마1
22	신27:1~28:19	시119:1~24	사54	마2
23	신28:20~68	시119:25~48	사55	마3
24	신29	시119:49~72	사56	마4
25	신30	시119:73~96	사57	마5
26	신31	시119:97 ~120	사58	마6
27	신32	시119:121~144	사59	마7
28	신33~34	시119:145~176	사60	마8
29	수1	시120~122	사61	마9
30	수2	시123~125	사62	마10

July 07

1 수3 | 시126~128 | 사63 | 마11
2 수4 | 시129~131 | 사64 | 마12
3 수5:1~6:5 | 시132~134 | 사65 | 마13
4 수6:6~27 | 시135~136 | 사66 | 마14
5 수7 | 시137~138 | 렘1 | 마15
6 수8 | 시139 | 렘2 | 마16
7 수9 | 시140~141 | 렘3 | 마17
8 수10 | 시142~143 | 렘4 | 마18
9 수11 | 시144 | 렘5 | 마19
10 수12~13 | 시145 | 렘6 | 마20
11 수14~15 | 시146~147 | 렘7 | 마21
12 수16~17 | 시148 | 렘8 | 마22
13 수18~19 | 시149~150 | 렘9 | 마23
14 수20~21 | 행1 | 렘10 | 마24
15 수22 | 행2 | 렘11 | 마25
16 수23 | 행3 | 렘12 | 마26
17 수24 | 행4 | 렘13 | 마27
18 삿1 | 행5 | 렘14 | 마28
19 삿2 | 행6 | 렘15 | 막1
20 삿3 | 행7 | 렘16 | 막2
21 삿4 | 행8 | 렘17 | 막3
22 삿5 | 행9 | 렘18 | 막4
23 삿6 | 행10 | 렘19 | 막5
24 삿7 | 행11 | 렘20 | 막6
25 삿8 | 행12 | 렘21 | 막7
26 삿9 | 행13 | 렘22 | 막8
27 삿10:1~11:11 | 행14 | 렘23 | 막9
28 삿11:12 ~40 | 행15 | 렘24 | 막10
29 삿12 | 행16 | 렘25 | 막11
30 삿13 | 행17 | 렘26 | 막12
31 삿14 | 행18 | 렘27 | 막13

August 08

1 삿15 | 행19 | 렘28 | 막14
2 삿16 | 행20 | 렘29 | 막15
3 삿17 | 행21 | 렘30~31 | 막16
4 삿18 | 행22 | 렘32 | 시1~2
5 삿19 | 행23 | 렘33 | 시3~4
6 삿20 | 행24 | 렘34 | 시5~6
7 삿21 | 행25 | 렘35 | 시7~8
8 룻1 | 행26 | 렘36~37 | 시9
9 룻2 | 행27 | 렘38 | 시10
10 룻3~4 | 행28 | 렘39 | 시11~12
11 삼상1 | 롬1 | 렘40 | 시13~14
12 삼상2 | 롬2 | 렘41 | 시15~16
13 삼상3 | 롬3 | 렘42 | 시17
14 삼상4 | 롬4 | 렘43 | 시18
15 삼상5~6 | 롬5 | 렘44 | 시19
16 삼상7~8 | 롬6 | 렘45 | 시20~21
17 삼상9 | 롬7 | 렘46 | 시22
18 삼상10 | 롬8 | 렘47 | 시23~24
19 삼상11 | 롬9 | 렘48 | 시25
20 삼상12 | 롬10 | 렘49 | 시26~27
21 삼상13 | 롬11 | 렘50 | 시28~29
22 삼상14 | 롬12 | 렘51 | 시30
23 삼상15 | 롬13 | 렘52 | 시31
24 삼상16 | 롬14 | 애1 | 시32
25 삼상17 | 롬15 | 애2 | 시33
26 삼상18 | 롬16 | 애3 | 시34
27 삼상19 | 고전1 | 애4 | 시35
28 삼상20 | 고전2 | 애5 | 시36
29 삼상21~22 | 고전3 | 겔1 | 시37
30 삼상23 | 고전4 | 겔2 | 시38
31 삼상24 | 고전5 | 겔3 | 시39

September 09

1 삼상25 | 고전6 | 겔4 | 시40~41
2 삼상26 | 고전7 | 겔5 | 시42~43
3 삼상27 | 고전8 | 겔6 | 시44
4 삼상28 | 고전9 | 겔7 | 시45~46
5 삼상29~30 | 고전10 | 겔8 | 시47
6 삼상31 | 고전11 | 겔9 | 시48
7 삼하1 | 고전12 | 겔10 | 시49
8 삼하2 | 고전13 | 겔11 | 시50
9 삼하3 | 고전14 | 겔12 | 시51
10 삼하4~5 | 고전15 | 겔13 | 시52~54
11 삼하6 | 고전16 | 겔14 | 시55
12 삼하7 | 고후1 | 겔15 | 시56~57
13 삼하8~9 | 고후2 | 겔16 | 시58~59
14 삼하10 | 고후3 | 겔17 | 시60~61
15 삼하11 | 고후4 | 겔18 | 시62~63
16 삼하12 | 고후5 | 겔19 | 시64~65
17 삼하13 | 고후6 | 겔20 | 시66~67
18 삼하14 | 고후7 | 겔21 | 시68
19 삼하15 | 고후8 | 겔22 | 시69
20 삼하16 | 고후9 | 겔23 | 시70~71
21 삼하17 | 고후10 | 겔24 | 시72
22 삼하18 | 고후11 | 겔25 | 시73
23 삼하19 | 고후12 | 겔26 | 시74
24 삼하20 | 고후13 | 겔27 | 시75~76
25 삼하21 | 갈1 | 겔28 | 시77
26 삼하22 | 갈2 | 겔29 | 시78:1~37
27 삼하23 | 갈3 | 겔30 | 시78:38~72
28 삼하24 | 갈4 | 겔31 | 시79
29 왕상1 | 갈5 | 겔32 | 시80
30 왕상2 | 갈6 | 겔33 | 시81~82

October 10

1 왕상3 | 엡1 | 겔34 | 시83~84
2 왕상4~5 | 엡2 | 겔35 | 시85
3 왕상6 | 엡3 | 겔36 | 시86
4 왕상7 | 엡4 | 겔37 | 시87~88
5 왕상8 | 엡5 | 겔38 | 시89
6 왕상9 | 엡6 | 겔39 | 시90
7 왕상10 | 빌1 | 겔40 | 시91
8 왕상11 | 빌2 | 겔41 | 시92~93
9 왕상12 | 빌3 | 겔42 | 시94
10 왕상13 | 빌4 | 겔43 | 시95~96
11 왕상14 | 골1 | 겔44 | 시97~98
12 왕상15 | 골2 | 겔45 | 시99~101
13 왕상16 | 골3 | 겔46 | 시102
14 왕상17 | 골4 | 겔47 | 시103
15 왕상18 | 살전1 | 겔48 | 시104
16 왕상19 | 살전2 | 단1 | 시105
17 왕상20 | 살전3 | 단2 | 시106
18 왕상21 | 살전4 | 단3 | 시107
19 왕상22 | 살전5 | 단4 | 시108~109
20 왕하1 | 살후1 | 단5 | 시110~111
21 왕하2 | 살후2 | 단6 | 시112 ~113
22 왕하3 | 살후3 | 단7 | 시114~115
23 왕하4 | 딤전1 | 단8 | 시116
24 왕하5 | 딤전2 | 단9 | 시117~118
25 왕하6 | 딤전3 | 단10 | 시119:1~ 24
26 왕하7 | 딤전4 | 단11 | 시119:25~48
27 왕하8 | 딤전5 | 단12 | 시119:49~72
28 왕하9 | 딤전6 | 호1 | 시119:73~96
29 왕하10 | 딤후1 | 호2 | 시119:97~120
30 왕하11~12 | 딤후2 | 호3~4 | 시119:121~144
31 왕하13 | 딤후3 | 호5~6 | 시119:145~176

November 11

1 왕하14 | 딤후4 | 호7 | 시120~122
2 왕하15 | 딛1 | 호8 | 시123~125
3 왕하16 | 딛2 | 호9 | 시126~128
4 왕하17 | 딛3 | 호10 | 시129~131
5 왕하18 | 몬1 | 호11 | 시132 ~134
6 왕하19 | 히1 | 호12 | 시135 ~136
7 왕하20 | 히2 | 호13 | 시137 ~138
8 왕하21 | 히3 | 호14 | 시139
9 왕하22 | 히4 | 욜1 | 시140~141
10 왕하23 | 히5 | 욜2 | 시142
11 왕하24 | 히6 | 욜3 | 시143
12 왕하25 | 히7 | 암1 | 시144
13 대상1~ 2 | 히8 | 암2 | 시145
14 대상3~4 | 히9 | 암3 | 시146~147
15 대상5~6 | 히10 | 암4 | 시148~150
16 대상7 ~8 | 히11 | 암5 | 눅1:1~38
17 대상9 ~ 10 | 히12 | 암6 | 눅1:39~80
18 대상11 ~12 | 히13 | 암7 | 눅2
19 대상13~14 | 약1 | 암8 | 눅3
20 대상15 | 약2 | 암9 | 눅4
21 대상16 | 약3 | 옵1 | 눅5
22 대상17 | 약4 | 욘1 | 눅6
23 대상18 | 약5 | 욘2 | 눅7
24 대상19~20 | 벧전1 | 욘3 | 눅8
25 대상21 | 벧전2 | 욘4 | 눅9
26 대상22 | 벧전3 | 미1 | 눅10
27 대상23 | 벧전4 | 미2 | 눅11
28 대상24~25 | 벧전5 | 미3 | 눅12
29 대상26~27 | 벧후1 | 미4 | 눅13
30 대상28 | 벧후2 | 미5 | 눅14

December 12

1 대상29 | 벧후3 | 미6 | 눅15
2 대하1 | 요일1 | 미7 | 눅16
3 대하2 | 요일2 | 나1 | 눅17
4 대하3~4 | 요일3 | 나2 | 눅18
5 대하5:1~6:11 | 요일4 | 나3 | 눅19
6 대하6:12~42 | 요일5 | 합1 | 눅20
7 대하7 | 요이1 | 합2 | 눅21
8 대하8 | 요삼1 | 합3 | 눅22
9 대하9 | 유1 | 습1 | 눅23
10 대하10 | 계1 | 습2 | 눅24
11 대하11~12 | 계2 | 습3 | 요1
12 대하13 | 계3 | 학1 | 요2
13 대하14~15 | 계4 | 학2 | 요3
14 대하16 | 계5 | 슥1 | 요4
15 대하17 | 계6 | 슥2 | 요5
16 대하18 | 계7 | 슥3 | 요6
17 대하19~20 | 계8 | 슥4 | 요7
18 대하21 | 계9 | 슥5 | 요8
19 대하22~23 | 계10 | 슥6 | 요9
20 대하24 | 계11 | 슥7 | 요10
21 대하25 | 계12 | 슥8 | 요11
22 대하26 | 계13 | 슥9 | 요12
23 대하27 ~ 28 | 계14 | 슥10 | 요13
24 대하29 | 계15 | 슥11 | 요14
25 대하30 | 계16 | 슥12:1~13:1 | 요15
26 대하31 | 계17 | 슥13:2~9 | 요16
27 대하32 | 계18 | 슥14 | 요17
28 대하33 | 계19 | 말1 | 요18
29 대하34 | 계20 | 말2 | 요19
30 대하35 | 계21 | 말3 | 요20
31 대하36 | 계22 | 말4 | 요21

성경읽기표

※ 매일 하루 3장씩 성경을 읽으면 1년 1독이 가능합니다.

구약성경

창세기	1 2 3 4 5 6 7 8 9 10 11 12 13 14 15 16 17 18 19 20 21 22 23 24 25 26 27 28 29 30 31 32 33 34 35 36 37 38 39 40 41 42 43 44 45 46 47 48 49 50
출애굽기	1 2 3 4 5 6 7 8 9 10 11 12 13 14 15 16 17 18 19 20 21 22 23 24 25 26 27 28 29 30 31 32 33 34 35 36 37 38 39 40
레위기	1 2 3 4 5 6 7 8 9 10 11 12 13 14 15 16 17 18 19 20 21 22 23 24 25 26 27
민수기	1 2 3 4 5 6 7 8 9 10 11 12 13 14 15 16 17 18 19 20 21 22 23 24 25 26 27 28 29 30 31 32 33 34 35 36
신명기	1 2 3 4 5 6 7 8 9 10 11 12 13 14 15 16 17 18 19 20 21 22 23 24 25 26 27 28 29 30 31 32 33 34
여호수아	1 2 3 4 5 6 7 8 9 10 11 12 13 14 15 16 17 18 19 20 21 22 23 24
사사기	1 2 3 4 5 6 7 8 9 10 11 12 13 14 15 16 17 18 19 20 21
룻기	1 2 3 4
사무엘상	1 2 3 4 5 6 7 8 9 10 11 12 13 14 15 16 17 18 19 20 21 22 23 24 25 26 27 28 29 30 31
사무엘하	1 2 3 4 5 6 7 8 9 10 11 12 13 14 15 16 17 18 19 20 21 22 23 24
열왕기상	1 2 3 4 5 6 7 8 9 10 11 12 13 14 15 16 17 18 19 20 21 22
열왕기하	1 2 3 4 5 6 7 8 9 10 11 12 13 14 15 16 17 18 19 20 21 22 23 24 25
역대상	1 2 3 4 5 6 7 8 9 10 11 12 13 14 15 16 17 18 19 20 21 22 23 24 25 26 27 28 29
역대하	1 2 3 4 5 6 7 8 9 10 11 12 13 14 15 16 17 18 19 20 21 22 23 24 25 26 27 28 29 30 31 32 33 34 35 36
에스라	1 2 3 4 5 6 7 8 9 10
느헤미야	1 2 3 4 5 6 7 8 9 10 11 12 13
에스더	1 2 3 4 5 6 7 8 9 10
욥기	1 2 3 4 5 6 7 8 9 10 11 12 13 14 15 16 17 18 19 20 21 22 23 24 25 26 27 28 29 30 31 32 33 34 35 36 37 38 39 40 41 42
시편	1 2 3 4 5 6 7 8 9 10 11 12 13 14 15 16 17 18 19 20 21 22 23 24 25 26 27 28 29 30 31 32 33 34 35 36 37 38 39 40 41 42 43 44 45 46 47 48 49 50 51 52 53 54 55 56 57 58 59 60 61 62 63 64 65 66 67 68 69 70 71 72 73 74 75 76 77 78 79 80 81 82 83 84 85 86 87 88 89 90 91 92 93 94 95 96 97 98 99 100 101 102 103 104 105 106 107 108 109 110 111 112 113 114 115 116 117 118 119 120 121 122 123 124 125 126 127 128 129 130 131 132 133 134 135 136 137 138 139 140 141 142 143 144 145 146 147 148 149 150
잠언	1 2 3 4 5 6 7 8 9 10 11 12 13 14 15 16 17 18 19 20 21 22 23 24 25 26 27 28 29 30 31
전도서	1 2 3 4 5 6 7 8 9 10 11 12
아가	1 2 3 4 5 6 7 8
이사야	1 2 3 4 5 6 7 8 9 10 11 12 13 14 15 16 17 18 19 20 21 22 23 24 25 26 27 28 29 30 31 32 33 34 35 36 37 38 39 40 41 42 43 44 45 46 47 48 49 50 51 52 53 54 55 56 57 58 59 60 61 62 63 64 65 66
예레미야	1 2 3 4 5 6 7 8 9 10 11 12 13 14 15 16 17 18 19 20 21 22 23 24 25 26 27 28 29 30 31 32 33 34 35 36 37 38 39 40 41 42 43 44 45 46 47 48 49 50 51 52
예레미야애가	1 2 3 4 5
에스겔	1 2 3 4 5 6 7 8 9 10 11 12 13 14 15 16 17 18 19 20 21 22 23 24 25 26 27 28 29 30 31 32 33 34 35 36 37 38 39 40 41 42 43 44 45 46 47 48
다니엘	1 2 3 4 5 6 7 8 9 10 11 12
호세아	1 2 3 4 5 6 7 8 9 10 11 12 13 14
요엘	1 2 3
아모스	1 2 3 4 5 6 7 8 9
오바댜	1
요나	1 2 3 4
미가	1 2 3 4 5 6 7
나훔	1 2 3
하박국	1 2 3
스바냐	1 2 3
학개	1 2
스가랴	1 2 3 4 5 6 7 8 9 10 11 12 13 14
말라기	1 2 3 4

신약성경

마태복음	1 2 3 4 5 6 7 8 9 10 11 12 13 14 15 16 17 18 19 20 21 22 23 24 25 26 27 28
마가복음	1 2 3 4 5 6 7 8 9 10 11 12 13 14 15 16
누가복음	1 2 3 4 5 6 7 8 9 10 11 12 13 14 15 16 17 18 19 20 21 22 23 24
요한복음	1 2 3 4 5 6 7 8 9 10 11 12 13 14 15 16 17 18 19 20 21
사도행전	1 2 3 4 5 6 7 8 9 10 11 12 13 14 15 16 17 18 19 20 21 22 23 24 25 26 27 28
로마서	1 2 3 4 5 6 7 8 9 10 11 12 13 14 15 16
고린도전서	1 2 3 4 5 6 7 8 9 10 11 12 13 14 15 16
고린도후서	1 2 3 4 5 6 7 8 9 10 11 12 13
갈라디아서	1 2 3 4 5 6
에베소서	1 2 3 4 5 6
빌립보서	1 2 3 4
골로새서	1 2 3 4
데살로니가전서	1 2 3 4 5
데살로니가후서	1 2 3
디모데전서	1 2 3 4 5 6
디모데후서	1 2 3 4
디도서	1 2 3
빌레몬서	1
히브리서	1 2 3 4 5 6 7 8 9 10 11 12 13
야고보서	1 2 3 4 5
베드로전서	1 2 3 4 5
베드로후서	1 2 3
요한일서	1 2 3 4 5
요한이서	1
요한삼서	1
유다서	1
요한계시록	1 2 3 4 5 6 7 8 9 10 11 12 13 14 15 16 17 18 19 20 21 22